KB213436

유아의 사회 적응과 인격 성장을 돕는 지침서

몬테소리
일상생활영역의
이론과 실제

김현경 · 최병기 · 서미정 공저

학지사

"우리 아기가 18개월인데요……. 영아들도 몬테소리 활동이 가능한가요?"

이는 미국 IT 최고 CEO들의 공통된 자녀교육이 M교육이라는 모 저서에 힘입어 몬테소리 교육현장에서 종종 듣는 상담내용이다.

몬테소리 교육에 소수 혹은 다수의 부모는 왜 열광하는가?
몬테소리 교육의 붐은 무엇 때문인가?
몬테소리 교육은 만능인가?
몬테소리 교육만의 탁월성은 무엇인가?
모든 유아가 몬테소리 교육을 받아야 하는가?

이러한 질문에 대해 답하기에는 서문의 분량이 너무 적다. 다만, 유아기가 인생의 주인이라는 측면에서 AI 시대에 '놀이' 다음으로 필수적으로 제공해야 할 한 가지 교육과정을 꼽으라면 단연 몬테소리 교육을 꼽을 것이다.

몬테소리 교육은 이탈리아의 여의사인 마리아 몬테소리가 개발한 교육과정이자 교육방법을 말한다. 이미 전 세계적으로 많은 영유아가 몬테소리 교육을 통해 인간이라면 누구나 누려야 하는 평화감과 자유, 그리고 학습에 대한 욕구를 충족했을 뿐만 아니라 "내가 배워야 할 모든 것은 유치원에서 배웠다"라는 격언에 충분한 인지적·사회적·정서적·문화적·언어적으로 완성적인 인격체로 성장하는 밑거름을 제공해 왔다.

몬테소리 교육의 가장 중요한 키워드로는 '자유' '몰입' '성취'를 꼽을 수 있다. 유아들이 활동을 선택하여 그에 집중하고 몰입함을 통해 얻게 되는 성취감은 궁극적으로 자신의 잠재력을 깨닫는 기쁨으로 이어진다. 이는 일회적이기보다는 순환적인 경험을 통해 내재화됨으로써 이후에 더 깊이 있는 학습에 대한 집중력과 몰입 및 성취감을 갖게 한다. 따라서 몬테소리 교육은 자유, 몰입, 성취 등의 가치를 어려서부터 내면화하는 과정을 강조한다.

이것은 소위 몬테소리 마피아라고 일컫는 실리콘밸리 리더 군단들의 자녀교육 병기다. 그들이 미래의 성공 DNA로 대체 가능하다고 믿는 '몬테소리 교육' 선택의 이유인 것이다. 몬테소리 교육에 익숙한 실리콘밸리의 1% 리더들은 몬테소리 교육이야말로 누가 시키지 않아도 학습에 집중하고 몰입할 수 있는 성향(propensity)과 태도(attitude)를 형성시키는 기제(learning mechanism)인 것을 알아차렸다. 이는

"마땅히 행할 길을 아이에게 가르치라 그리하면 늙어도 그 길을 떠나지 아니하니라."

(잠언 22:6)

라는 성경적 가치에도 부합된다.

인간됨의 기본 원리와 그에 뒤따르는 사물의 법칙에 관한 모든 것을 다루는 몬테소리 교육은 인간의 생물학적·심리학적·교육학적·의학적 측면에 대한 이해에 근거한 과학적인 방법으로 개발되었다. 몬테소리 교육은 전 세계적으로 공통된 교육과정과 교구가 실행되도록 개발되었으며, 그 교구들은 개발 초기부터 지금까지도 동일하게 활용되고 있다.

몬테소리 교육의 내용은 일상생활영역, 감각영역, 수학영역, 언어영역, 문화영역의 총 5개 영역이 각각의 고유한 목적이 있으나, 결국 서로의 목적은 연결되어 어린이의 인격 형성이라는 최상의 교육목적으로 실천하고 있다. 특히 몬테소리 일상생

활영역은 유아들이 자신의 생활문화 양식을 배울 수 있는 영역으로서 일상생활 훈련에 필요한 교구들 또한 개발되었다. 일상생활영역은 유아들의 삶이 실생활과 동떨어진 것이 아니라 '학습과 삶은 동일한 지점, 같은 곳'에서 이루어짐을 강조한다. 이 책에서 특별히 일상생활영역을 중요하게 여기는 점은 일상 교구를 능숙하게 잘 익혀야 이외의 감각영역, 수학영역, 언어영역, 문화영역까지 연계되어 궁극적으로 몬테소리 교육을 통해 추구하는 '정상화'라는 소기의 목적을 이룰 수 있기 때문이다.

이쯤에서 이 책에 관심 있는 독자라면 몬테소리 교육을 통해 이루고자 하는 교육의 목적인 '정상화'가 과연 얼마만큼의 타당성이 있는지 자문해 보는 것이 필요하다. 그것은 "내일 지구가 멸망하더라도 오늘 한 그루의 사과나무를 심겠다."라는 철학자의 일성처럼, 이 시대의 부모와 교사들의 소명에 대한 질문과도 같다. 현대사회는 과학의 급속한 발전으로 인해 과거에 비해 더 안락해지고 편리해진 문화의 이기를 누리면서도 우울감, 불행감의 지수는 더욱 높아지고 있는 현실이다. 이런 상황에서 우리의 사명은 우리에게 맡겨진 다음 세대를 바르게 이끌고 길러 내어 사회에 적응적인 존재로 살아가도록 돕는 일인지도 모른다.

이 책은 가정과 학교가 기본으로 돌아가야 한다는 가치에서 시작되었다. 바른 몸가짐, 마음가짐의 기본은 영유아기 때의 바른 생활습관으로부터 출발하며, 바른 행동습관은 바른 인격형성과 관계형성을 도울 것이기 때문이다.

또한 이 책은 몬테소리에 관심 있는 많은 이를 위해 기술되었다. 유아교사 양성기관에서는 예비교사들의 '교육과정' 교과목 이외에도 미래 유아들을 지도하기 위한 '기본생활지침'을 교과목으로 편성하여 다룰 수 있을 것이다. 그리고 학부모들에게는 군이 교육센터나 유아교육기관을 통하지 않더라도 첫 교사가 된 부모로서 가정생활 속에서 기본생활습관에 관한 모든 것을 직접 지도하는 데 활용할 수 있을 것이다.

교재의 내용으로는 제1부 이론, 제2부 실제로 구성되었다. 먼저 제1부 몬테소리 일상생활영역과 관련된 이론에서는 교육자 마리아 몬테소리의 생애부터 교육의 지침이 되는 기본 철학을 살펴보았고, 몬테소리 교실에서의 유아 행동 특성과 일상생활영역의 기본 원리와 교육목표, 그리고 일상생활영역의 기본 내용 및 환경 구성, 몬테소리 일상생활영역에서의 교사의 역할에 관한 내용으로 구성하였다. 제2부는 몬테소리 일상생활영역의 실제에 관한 환경에 대한 배려, 자기 자신에 대한 배려, 사회 적응, 자기운동 및 조절 등으로 구성하였고, 일상생활영역의 실제 활동은 총 80여 개의 활동으로 구성되었다. 몬테소리 일상생활영역의 활동은 이 책에 수록된 활동 이외에도 국가와 지역사회의 특성을 반영하여 더 많은 활동으로 확장할 수 있겠지만 영유아들의 사회 적응과 인격 성장을 돕는 안내서로서 가장 보편적이고 필수적인 활동들을 담아내기 위해 노력하였다.

이 책을 집필하는 과정에 함께 참여해 주신 여러분께 감사드린다. 학지사 김진환 사장님과 편집진 여러분, 프로그램 실제를 위해 수고한 신촌몬테소리유치원 선생님들께 감사드린다. 무엇보다 다음 세대를 향한 하나님의 시선으로 저희를 고우로 묶어 주시고, 주의 소명에 따라 순종하는 마음으로 이 작업을 함께한 저자들과 저희의 연약한 지식을 선하신 일에 오병이어와 같이 사용하실 하나님 앞에 감사함을 올려 드린다.

저자 일동

차 례

◈ 머리말 2

제Ⅰ부 **몬테소리 일상생활영역의 이론** 9

1. 교육자 마리아 몬테소리 ······················· 11
2. 몬테소리 교육의 기본 철학 ···················· 14
3. 몬테소리 교실에서의 유아의 행동 특성 ········· 18
4. 몬테소리 일상생활영역의 기본 이해 ············ 22
5. 몬테소리 교육 일상생활영역의 기본 내용 ········ 28
6. 몬테소리 일상생활영역 환경 구성 ·············· 33
7. 몬테소리 일상생활영역에서의 교사의 역할 ······· 40

제Ⅱ부 **몬테소리 일상생활영역의 실제** 49

1. 환경에 대한 배려 50

1-A. 환경에 대한 배려

1) 걷기 ·················· 52
2) 의자에 앉고 서기 ······ 55
3) 쟁반 나르기 ············ 58
4) 양동이 나르기 ·········· 60
5) 피처 나르기 ············ 62
6) 의자 나르기 ············ 64
7) 책상 나르기 ············ 66
8) 매트 나르기 ············ 69

9) 빗자루, 쓰레받기 걸고 떼기 ····· 71

10) 매트 말고 펴기 ····················· 73

11) 매트 손질하기 ···················· 76

12) 바닥 쓸기 ························· 78

13) 한 손으로 옮기기 ················ 80

14) 마른 것 붓고 옮기기 ··········· 82

15) 젖은 것 붓고 옮기기············· 84

16) 선까지 붓고 옮기기 ············· 86

17) 숟가락으로 옮기기 ············· 88

18) 스포이트로 옮기기 ············· 90

19) 집게와 핀셋으로 옮기기 ······ 92

20) 깔때기로 옮기기 ················ 94

21) 젓가락으로 옮기기 ············· 97

22) 손수건 접기 ···················· 99

23) 다리미 사용하기 ··············· 103

24) 스펀지 짜기 ···················· 105

25) 타월 짜기 ······················· 107

26) 스펀지로 책상 닦기 ············ 109

27) 솔을 사용하여 책상 닦기········ 111

28) 빨래하기 ························· 113

29) 거울 닦기 ······················· 116

30) 금속 광내기 ···················· 118

31) 빵 가루내기 ···················· 120

32) 빵 부스러기 쓸고 모으기········ 122

33) 차 만들어 대접하기 ············ 124

34) 버터, 잼 바르기 ··············· 126

35) 시리얼 대접하기 ··············· 129

36) 과일 썰기 ······················· 131

37) 야채 썰기 ······················· 133

38) 도시락 준비하고 정리하기 ····· 136

39) 꽃꽂이하기 ····················· 139

40) 나뭇잎 닦기 ···················· 142

41) 꽃과 나무에 물주기 ············ 144

42) 촛불 켜고 끄기 ················· 147

1-B. 세련된 손끝을 위한 개인적인 훈련

43) 끈 끼우기 ······················· 149

44) 붙이기 ··························· 152

45) 자르기 ··························· 155

46) 구멍 뚫기 ······················· 158

47) 매듭짓기 ························· 160

48) 바느질하기 ····················· 162

49) 단추 달기 ······················· 168

50) 천 바느질하기 ·················· 170

51) 십자수 바느질하기 ············· 173

52) 종이 직조 짜기 ················· 176

53) 직조하여 가방 만들기 ········· 178

54) Y 직조 짜기 ···················· 181

55) 목도리 짜기 ···················· 183

56) 모자 짜기 ······················· 186

57) 병뚜껑 열고 닫기 ··············· 188

58) 빨래집게 사용하기 ············· 190

59) 자물쇠와 열쇠 사용하기 ······· 192

60) 나사 빼기와 끼우기 ············· 194

61) 실 감기 ·························· 196

2. 자기 자신에 대한 배려   198

62) 옷 벗고 입기 ····················· 200

63) 신발 신고 벗기 ·················· 203

64) 손 씻기 ························· 205

65) 이 닦기 ························· 208

66) 머리 빗기 ······················ 210

67) 기침, 재채기, 코 풀기 ··········· 212

68) 지퍼 채우기 ···················· 215

69) 단추 채우기 ···················· 218

70) 스냅 단추 채우기 ··············· 221

71) 벨트 채우기 ···················· 224

72) 리본 매기 ····················· 227

3. 사회 적응   230

73) 날카로운 물건 주고받기 ········· 232

74) 문 열고 닫기 ··················· 235

75) 대면 인사 나누기 ··············· 238

76) 상황에 알맞은 인사 나누기 ······ 241

77) 타인의 작업 과정 관찰하기 ··· 244

4. 자기 운동 및 조절   246

78) 선 위 걷기 ····················· 248

79) 정숙의 훈련 A ················· 251

80) 정숙의 훈련 B ················· 253

제 I 부

몬테소리
일상생활영역의 이론

1. 교육자 마리아 몬테소리

2. 몬테소리 교육의 기본 철학

3. 몬테소리 교실에서의 유아의 행동 특성

4. 몬테소리 일상생활영역의 기본 이해

5. 몬테소리 교육 일상생활영역의 기본 내용

6. 몬테소리 일상생활영역 환경 구성

7. 몬테소리 일상생활영역에서의 교사의 역할

1 교육자 마리아 몬테소리

마리아 몬테소리(Maria Montessori, 1870～1952)는 1870년 8월 31일에 이탈리아 키아발레(Chiaravalle)에서 군인 출신 아버지 알레산드로 몬테소리와 어머니 레닐데 스토파니 사이에서 태어났다. 마리아 몬테소리는 의학을 전공한 이탈리아 최초의 여의사이자, 시대를 뛰어넘어 환영받는 몬테소리 교육법을 개발함으로써 의학적 사고를 교육과 통합한 최초의 의사 교육자였다.

몬테소리는 1896년에 로마대학 의학과를 졸업한 후 로마대학 부속병원 정신과 수련의로 재직하였다. 그 시절에 몬테소리는 로마 인근 정신치료자 수용시설을 방문하여 치료 대상을 선별하는 일을 담당하였다. 그녀는 시설 방문을 통해 정신지체아와의 접촉이 많아지면서 시설 아동들의 생활과 발달에 의구심을 가지게 되었는데, 그들의 발달적 고충은 정신적인 결함이기보다는 교육적인 문제에 있다고 확신하고 이를 해결하기 위한 교육적 연구를 시작하였다.

그 후 몬테소리는 도움이 필요한 유아들을 대상으로 지속적인 연구를 시도하면서 자신만의 독특한 교육방법을 개발하고, 1907년에 밤비니 카사데 어린이집을 설립하여 몬테소리 교육방법을 실천하는 산실로 발전시켰다. 그곳에서 2년여 간 몬테소리 교육과정을 실행한 후 1909년에는 과학적 교육방법을 유아교육에 적용하는 방법에 관한『Pedagogia Scientifica』를 출간하였다. 1911~1912년에는『McClure's Magazine』
에 '어린이를 위한 쓰기와 읽기는 어떻게 가르칠 것인가'란 주제로 글을 기고하였다.

이듬해인 1913년에는 처음으로 몬테소리 교사 양성을 위한 국제협회가 로마에서
창립되면서 세계 각국의 100여 명이 넘는 교사들이 종족과 인종을 초월하여 몬테
소리 연수에 참석함으로써 그녀의 교육방법에 관심이 고조되었다. 1914년에는 두
번째 국제교사 양성과정이 개설되면서 몬테소리 교수법이 담긴『몬테소리 박사의
핸드북(Dr. Montessoris Own Hand book)』이 출간되었다.

1916년에는 그동안 3~6세 어린이들에게만 적용했던 몬테소리 교육이 초등학생
에게도 적용되어 6~9세의 취학 아동을 위한 몬테소리 교육으로 확대되었다. 이
를 토대로 몬테소리는 현장교사교육을 위한『초등학교에서의 몬테소리 교육(The
Motessori Elementary Material)』을 출간하여 몬테소리 교육의 보급과 교사교육을 위
해 노력하였다.

같은 해인 1916년 바르셀로나에서 제4차 몬테소리 국제교사 양성과정이 개최되었
다. 이 시기에 몬테소리는 처음으로 종교교육을 몬테소리 교육과정에 통합하기 시작
하였다. 몬테소리는『어린이의 영혼과 종교교육(Montessori: On Religious Education)』

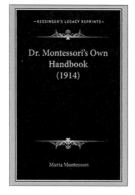

[그림 1-1] 1914년에 간행된
『몬테소리 박사의 핸드북』

출처: https://www.amazon.com

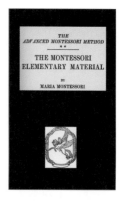

1916년에 간행된
『초등학교에서의 몬테소리 교육』

이라는 도서를 통해 몬테소리 교육과정에 종교교육을 접목하는 것이 가능함을 제안하였고, 이 방법은 그때로부터 현재에 이르기까지 전 세계적으로 확산되었다.

1923년에 몬테소리는 『심리기하학(Psychoarithmetic)』을 출간하였다. 몬테소리는 이 저서를 통해 교육과정의 중심은 '교구'가 아니라 유아의 '정신세계'임을 강조하였다. 몬테소리 교육에서 그녀가 개발한 독특한 교구가 활용되는 것은 사실이지만 진정한 교구의 쓰임새는 유아의 본성과 심리를 근원적으로 자유롭게 하는 것이며, 유아의 정신세계가 자유로워야만 진정한 교육의 효과를 얻는다는 실증적 사실을 강조하였다.

1949년에는 0~3세의 영아를 관찰하면서 그들이 독특하게 주의를 집중하여 주변을 관찰하는 행동 특성에 주목하고, 유아들이 주변 환경으로부터 여러 정보를 흡수하는 성향을 '흡수'라는 용어로 개념화하였다. 그리고 그녀가 이해한 흡수의 개념을 『흡수정신(The Absorbent Mind)』이라는 제하의 도서에 담아 출간하였다.

[그림 1-2] 1916년에 간행된 『어린이의 영혼과 종교교육』   1949년에 간행된 『흡수정신』
출처: https://www.amazon.com

마리아 몬테소리가 자신의 교육을 통해 궁극적으로 추구했던 교육적 가치는, 첫째, 유아에 대한 존중이었으며, 둘째, 자기주도적 학습, 셋째, 직접 경험을 통한 학습이었다. 그녀는 교육자로서 전 생애를 통해 자신의 교육철학을 강조하는 방식의 교육과정을 교육단계에 따라 개발하고 그에 알맞은 교구를 개발함과 아울러 영역에 따른 교수학습지침과 교육환경구성에 대한 지침으로 세부적으로 제안하였다.

이후 몬테소리 교육의 명성은 다양한 국가에서 그녀의 교육방법이 채택되면서 국제적인 인정을 얻게 되었고, 그녀는 이탈리아를 벗어나 미국과 서구 유럽 등에서 자신만의 독특한 교육방법을 보급하는 데 열정을 쏟았다.

마리아 몬테소리는 일생 동안 몬테소리 교육방법과 흡수정신을 포함한 그녀의 교육철학을 보급하는 데 힘썼으며, 수세기가 지난 현대에도 그녀의 독특한 교육방법은 여전히 많은 교육분야에 큰 영향력을 행사하고 있다.

2 몬테소리 교육의 기본 철학

모든 교육에서 철학이 제반 교육의 방향과 목표 설정에 상당한 영향을 미치는 것처럼 몬테소리 교육도 그녀가 추구했던 독특한 철학에 기반하고 있다. 몬테소리 교육은 유아 존재에 대한 믿음에 기초를 두고 있으며, 그 외에 몇 가지를 그녀의 교육

[그림 1-3] 몬테소리 교육의 기본 철학의 주요 내용

철학의 특징으로 꼽을 수 있다.

(1) 유아 중심(child-centered approach)

몬테소리 교육은 준비된 환경이나 독특한 교구 등의 특색이 있지만 무엇보다도 유아를 학습의 중심에 둔다는 측면에서 유아중심적 교육과정이라고 할 수 있다. 그것은 유아들이 자신의 관심과 능력, 그리고 각기 다른 발달 속도를 가진 독특한 존재라는 철학에 기초한다.

[그림 1-4] 유아 존재에 대한 믿음에 기초한 몬테소리 교육

출처: https://www.guidepostmontessori.com/

(2) 존중과 배려(respect for the child)

몬테소리 교육은 유아 존재에 대한 깊은 신뢰와 존중감에 기반한다. 몬테소리 교육은 유아의 타고난 잠재력과 호기심, 그리고 배우고자 하는 학습 욕구를 중요시한다. 몬테소리 교실에서 교사들은 유아들을 존중하고 신뢰하는 모습으로 유아들과 상호작용하며 긍정적이고 배려하는 학습 분위기가 조성되도록 노력한다.

(3) 준비된 환경(prepared environment)

몬테소리 교육과정은 학습에 적합하도록 사전에 준비된 환경에서 교수학습 과정이 운영되도록 세심하게 설계되어 있다. 몬테소리 교육환경은 유아들이 목적 있는 활동에 참여하고, 독립심을 기르고, 그들의 관심사를 좇아 활동하기에 적절한 교구들로 구성되어 있다. 따라서 몬테소리 교실의 준비된 환경이야말로 학습의 주체가 되는 유아를 존중하는 교육철학의 중요성이 그대로 반영된 교육의 실체다. 이러한 환경 속에서 유아들은 자기주도적인 활동을 통해 자기 교정과 학습을 촉진하며 성장해 나간다.

(4) 경험을 통한 학습(hands-on learning and experiential education)

몬테소리 교육은 직접적이고 감각적인 경험을 통한 학습을 강조한다. 유아들은 교구에 담긴 교육적 개념을 탐구하고 발견하기 위해 준비된 환경 안에서 교수매체를 적극적으로 경험하게 된다. 일상생활영역과 감각 · 수학 · 언어 · 문화 영역에서 직접 교구를 조작하고 경험함으로써 인지적 · 신체적 · 사회적 · 정서적 능력을 발달시켜 나간다.

(5) 학습의 자유(freedom within limits)

몬테소리 교실에서 교사와 유아들은 매우 자유롭다. 유아들은 제시된 범위 안에서 자기의지를 가지고 자유롭게 선택하고 탐구하도록 활동이 장려되는 반면, 환경 안에서 지켜야 할 질서에 대한 명확한 지침 또한 제공받는다. 유아들이 각 활동을 통해 누릴 수 있는 자유로움과 질서에 대한 절제의 경험은 자기조절력과 책임감 및 다른 사람들에 대한 존중감으로 발달해 간다.

[그림 1-5] 몬테소리 교실 전경

출처: https://www.wbms.org/

(6) 균형적 발달(holistic development)

몬테소리 교육은 단일 영역에 국한된 발달이 아닌 총체적이고 통합적인 전인적 발달을 추구한다. 유아의 인지적·사회적·정서적·신체적 발달 전 영역의 전체적이고 통합적인 발달을 중요하게 여긴다. 간혹 몬테소리 교육이 인지발달을 강조하는 것으로 오인되는 경우가 있지만 몬테소리 교육은 인지에 국한되기보다는 각 영역의 다양한 교과 영역을 통합하여 유아의 정신 발달과 인성 개발을 촉진하며, 세계시민 의식을 함양함으로써 유아의 총체적 발달을 추구한다.

"몬테소리 교실의 유아들은

손 씻기, 먼지 털기, 걸레질과 같은 활동을 통해

자신과 환경을 돌보는 법을 알아가게 된다.

이러한 활동은 유아들이 독립된 존재로서 주변 환경 체계를 인식하고

적응하는 방법과 학습을 위한 집중력을 개발하며,

나중에 읽기와 쓰기 및 수학 활동에 밑거름이 된다."

- 마리아 몬테소리 -

3 몬테소리 교실에서의 유아의 행동 특성

정상화   평화   집중력   민감성   집중화

[그림 1-6] 몬테소리 교실에서 관찰되는 유아의 주요 행동 특성

일반적으로 몬테소리 교실에서 관찰되는 유아들의 행동 특성을 꼽자면 정상화, 평화, 집중력, 민감성, 집중화 등을 들 수 있다. 유아들의 이러한 행동 특성은 궁극적으로 유아들의 제반 영역에서의 정상화와 심리내적 평화감 형성을 촉진하게 되어 통합적인 발달이 이루어지도록 돕는다.

(1) 정상화

정상화(normalization)란 유아의 육체적·정신적 에너지가 최고조로 안정감을 갖춰서 자신의 학습욕구에 부응하여 몰입의 경지에 이른 것을 말한다. 이러한 정상화는 내적 감수성이 민감한 유아기에 흡수정신을 활용하여 집중적인 반복 작업이 가능한 자유로운 환경에서 더욱 촉진된다. 정상화 과정에 있는 유아들은 새로운 것을 탐구하는 작업에 대해 애착을 가지며 주변 환경에 대한 질서감과 자립심 및 독립심을 조성해 간다.

(2) 평화감

몬테소리 교육을 통해 유아들이 경험한 성취감은 심리내적으로 평화감(peace) 형성을 돕는다. 유아들이 몬테소리 교육을 통해 얻게 되는 평화감은 미래에 사회적 관계망에서 갈등을 경험하게 될 때 분쟁을 넘어 개인과 개인 간에 공감과 존중, 협력으로 확장되어 평화로운 사회 구성원이 되도록 돕는다.

(3) 집중력

집중력(concentration)은 유아가 주의를 집중하며 활동이나 과제에 몰입할 때 나타나는 인지적인 특성을 말한다. 몬테소리 교육과정에서 집중력은 학습을 위한 매우 중요한 요소로 다뤄지는데, 몬테소리 교실에서 유아들의 활동 안에서 매우 빈번하게 관찰된다. 이를 위해 교실 환경은 유아들의 집중을 유발하기에 충분할 정도로 매력적이어야 한다.

(4) 민감성

민감성(sensitivity)이란 환경에 대한 인식과 감각 수준이 최고조로 높아진 것을 의미한다. 몬테소리 여사는 유아들이 특정한 능력과 지식을 손색없이 습득할 수 있는 까닭은 바로 발달을 촉진하는 '민감한 시기'와 연관되어 있다고 믿었다. 유아들은 이러한 특성으로 인해 성인이 수십 년 걸릴 만한 것을 최단 시간에 학습하는 최적의 시기를 거치게 된다.

(5) 집중화

집중화(centralization)는 유아의 신체운동 기능 중 미세한 운동능력을 포함한 신체의 움직임을 통제하고 조정하는 능력을 의미한다. 몬테소리 교실에서 관찰되는 집중력(concentration)은 인지적 측면에서 볼 수 있는 행동 특성이라면 집중화(centralization)는 신체의 대근육과 소근육을 조절하고 통제하는 능력과 연관된 개념이라고 볼 수 있다.

[그림 1-7] 1930년대의 몬테소리 교실의 전경

출처: https://www.italiaore24.it/2020/06/26/nasceva-150-anni-fa-maria-montessori-colei-che-
reinvento-la-scuola-italiana/

Focus on

유아의 선천적 학습 경향성

● **학습 경향성이란**

유아의 학습 경향성이란 인간이라면 누구나 갖고 있는 기본적 욕구 이외에 학습에 대한 욕구로서 이는 후천적으로 습득되는 것이 아니라 선천적 욕구를 가지고 태어남을 말한다. 즉, 유아들은 먹고 자는 등의 기본 욕구 외에 학습에 대한 욕구를 본능적으로 가지고 출생하는데, 유아기에 이를 충족해야만 원만한 사회적 존재로 성장할 수 있다는 것이다. 이러한 유아들의 학습 경향성은 다음과 같은 특징을 갖는다.

● **유아기의 학습 경향성의 특징**

• 전 세계 모든 유아가 갖고 있는 선천적인 성향이다.

• 유아의 성장과 발달을 돕는 필수적인 에너지다.

• 유아들은 학습 경향성으로 인해 손과 도구를 사용하는 것을 좋아한다.

• 선천적으로 질서를 선호하고 발전하고 싶은 욕구가 내재되어 있다.

• 유아기에 학습에 대한 욕구가 균형적으로 충족되면 전인적이고 창의적인 유아로 발달한다.

- 유아들의 지적 호기심이 충족되면서 사회 적응이 보다 원만하게 이뤄진다.
- 유아들은 학습 경향성으로 인해 미숙한 활동을 반복하여 숙달함으로써 생존에 필요한 모든 능력을 익혀 나간다.
- 유아의 학습 경향성을 충족시켜 주는 교육이야말로 행복한 인간으로 성장시키는 참교육이다.

1) 지적 호기심

자라나는 아이들은 '지적 호기심'으로 늘 충만하다. 유아들에게 세상의 모든 자극은 온통 새롭고 이것들에 대한 지적 호기심은 시간과 장소를 가리지 않고 넘쳐난다. 이것이 충족될 때 유아들은 상당한 만족감을 얻게 된다. 따라서 부모와 교사들은 세상에 대한 모든 것을 친절하게 안내해 줄 의무가 있다. 유아기에 발현된 호기심은 학령기의 난이도 있는 학습 과제에 대한 도전정신과 끈기 있는 학습 태도로 이어지기 때문에 유아기에 지적 호기심의 출현과 그것이 기죽지 않는 환경은 매우 중요하다.

2) 질서 추구에 대한 욕구

유아들의 놀이가 간혹 무질서해 보일 때가 있지만 결코 유아들의 놀이와 행동은 무질서하지 않다. 유아들은 본능적으로 '질서와 규칙' '균형감'을 무척 좋아한다. 따라서 하루 일과, 활동의 흐름, 교구 사용 등을 통해 질서감을 반복하여 익힐 수 있는 기회를 제공해야 한다. 몬테소리 교실에 있는 유아들은 활동에 내재된 순서와 질서감 때문에 심리적 안정감을 느낀다. 이러한 질서감의 반복적인 경험은 안정적인 인격 형성에 영향을 미친다.

3) 손과 도구 사용의 욕구

유아들은 출생하면서 신체적 움직임에 대한 욕구를 가지고 태어나는데, 특히 '손과 도구' 사용에 대한 욕구를 지닌다. 모든 몬테소리 교구는 손과 도구 사용 욕구 충족에 알맞게 설계되어 있어서 유아들은 이러한 교구들을 감각적으로 사용함을 통해 충족감을 얻는다.

4) 자기 발전을 위한 욕구

지구상의 모든 유아는 '자기 발전의 욕구'를 가지고 태어난다. 블록을 어제보다 성공적으로 쌓고, 수의 양을 실수 없이 세고 싶어 하는 등의 욕구가 그것이다. 몬테소리 교실의 모든 교구는 의도적으로 유아의 자기 발전의 욕구가 충족되도록 개발되었다. 유아들이 교구를 가지고 작업하다 보면 감각과 언어와 수학과 문화와 일상에 관한 많은 개념이 담겨 있는 활동을 경험하면서 스스로 발전하고 있다고 느끼며, 자기 발전에 대한 심리내적 욕구를 채워 갈 수 있도록 구성되어 있다.

5) 반복 학습의 욕구

유아들이 자기 발전의 욕구를 위해 활용되는 또 하나의 학습 기제가 '반복 학습'의 욕구다. 성인들은 성향에 따라 반복 학습을 꺼려하기도 하지만 유아들은 본능적으로 자기가 익숙해질 때까지 동일한 작업을 반복함으로써, 자기 능력을 개별화하고 내면화시킨다. 몬테소리 교구는 이러한 유아들의 욕구를 자연스럽게 충족시키도록 개발되어 있다.

4 몬테소리 일상생활영역의 기본 이해

몬테소리 교육에서 일상생활영역은 실생활 영역이라고도 하는데, 우리가 살아가는 실제 생활의 모든 내용이 다뤄지는 영역으로서 몬테소리 교육에서 필수 요소다.

1) 일상생활영역 실행의 기본 원리

유아들은 일상생활영역에서 실생활과 연관된 연습을 통해 자발적으로 사회적 행동을 경험하게 되고, 그것은 가정과 학교, 가정과 사회 환경과 자연스럽게 연결되어 사회 적응적인 존재로 발달해 나간다. 유아들은 일상생활과 관련된 목적 있는 활동에 참여함으로써 사회적인 존재로 성장할 수 있는 것이다.

특별히 몬테소리 일상생활영역은 교육이 실행되는 해당 나라의 지리적인 조건과 문화적인 맥락이 반영되어야 한다는 점에서 중요하다. 왜냐하면 세계 여러 나라의 사회문화적인 배경과 그에 따라 강조되어야 할 세부 내용들에 있어서는 차이가 있기 때문이다. 하지만 무엇보다도 일상생활영역의 내용이 사회문화적인 맥락에 따라 다르다고 하더라도 제반 활동을 구성하고 실행해 나가는 과정에서 준수해야 할 실천 원리가 있다면 그것은 '질서감'이다.

다른 것에 우선하여 '질서감'의 원리가 강조되어야 하는 이유는 유아들은 일상생활 활동을 반복적으로 작업함으로써 그 나라의 국민 혹은 민족으로 적응하는 데 필요한 기초 능력과 생활습관을 전수 받기 때문이다. 즉, 일상생활영역의 내용은 나라와 국가에 따라서 다를 수 있지만 각 활동에 준수해야 할 질서감의 원리는 변함없이 지켜야 한다는 것이다.

이때 유의해야 할 점은 일상생활 연습이 질서감의 원리에 따라 각 활동이 제시되더라도 실생활과 연관된 모든 일상생활의 활동은 단순한 흉내 내는 수준에 머물러서는 안 된다. 유아의 일상생활 훈련은 상상놀이와 같은 허구의 세계에 머물러서는 안 되며, 유아 발달에 필요한 현실 생활의 실제들(숟가락 사용하기, 젓가락 사용하기, 우유 따르기, 냅킨 접기, 가위질 하기 등)로 구성하여야 하되 모든 활동은 질서감 습득을 기본 원리로 설계되어 실행되어야 한다.

"몬테소리 일상생활영역은
교육이 실천되는 나라의 사회문화적인 맥락에 따라
열 가지, 백 가지 내용으로 달라질 수 있다.
하지만 그것이 교사에 의해 시범 보일 때,
정신의 질서와 순서라는 무게감을 가지고
유아들에게 전수되어야 한다."
− 마리아 몬테소리 −

2) 일상생활영역의 목표

일상생활영역의 활동은 유아들로 하여금 사회 적응을 돕기 위한 매우 실용적인 내용들로 구성되어 있다. 일상생활영역의 작업은 미세한 운동 기술, 대근육과 소근육 움직임의 세련됨과 우아함, 자기 조절, 집중, 존중과 예의를 갖춘 행동, 독립심, 자존감 증진 등을 연마하여 유아들을 전인적인 존재로 발달하도록 돕는 것을 추구한다. 몬테소리 일상생활영역은 유아들로 하여금 다음과 같은 가치를 습득하는 것을 목적으로 삼는다.

일상생활 영역의 목표

1. 일상생활 적응력 증진
2. 독립심 증진
3. 집중력 증진
4. 질서감 증진
5. 책임감과 협동심 증진

[그림 1-8] 일상생활영역에서 추구하는 목표

(1) 일상생활 적응력 증진

일상생활영역은 유아들이 일상생활에서 필요한 기본 능력을 숙달할 수 있도록 돕는다. 이러한 능력들은 바른 것 따르기, 숟가락질하기, 단추 채우기, 지퍼 올리기, 닦기, 쓸기, 상 차리기 등과 같은 기본 활동들을 포함한다. 이러한 활동을 통해 유아들은 실생활 도구(유리잔, 빗자루 등)를 적절하게 움직이고 사용하는 것을 연습하면서 점차 그것에 능숙하게 되는데, 이러한 일상생활 적응 능력은 미래 학습을 위한 ABC나 구구단을 암기하는 것보다 더 우선되는 능력이며, 부모로부터 자신을 독립된 자아로 인식시키기에 매우 유용하다.

(2) 독립심 증진

일상생활영역의 제반 활동들은 유아들의 자립심과 자기 관리 능력을 키우는 데 요긴하다. 스스로 옷을 입고, 단추를 채우고, 손을 씻고, 신발을 신고, 소지품을 관리하는 등의 활동에 참여함으로써 유아들은 자조 능력을 발달시키고 자기 주변을 관리하고 책임지는 것을 연습하게 된다. 유아들이 이러한 활동들로 인해 성공감을 가지게 되면 유아들은 자신에 대한 자부심을 느끼며, 스스로 독립된 존재라는 사실을 인식하게 된다.

(3) 집중력 증진

일상생활영역의 모든 활동은 유아 스스로 선택한 활동에 자연스럽게 집중하도록 이끈다. 일상생활영역의 모든 활동은 집중력이 발달하도록 설계되어 있어서 유아들은 자연스럽게 활동에 집중하게 된다. 몬테소리 활동의 집중 시간은 짧게는 수분에서 길게는 수십 분이 소요되도록 설정되어 있다. 유아들의 이러한 집중의 경험은 취학 후 약 한 시간여의 수업 시간에 집중하기에 매우 적합한 구조다. 반복적으로 일상생활 훈련을 하다 보면 유아들의 집중력은 길어지고, 산만함은 차단되어 주의력을 길러 주기에 일상생활의 훈련을 할 상당한 가치가 있다.

(4) 질서감 증진

일상생활영역의 모든 활동은 유아들에게 질서감, 일상 생활 습관, 관계의 개념을 자연스럽게 습득하도록 이끈다. 일상생활영역의 모든 활동은 명확한 단계와 함께 특정 순서로 제시되어 각각의 제시단계를 예측 가능하게 한다. 활동에 집중하면서 유아들은 활동 조직의 중요성을 인식하고, 주어진 환경에 대한 통제감을 키우면서 일련의 행동들을 정확한 순서에 따라 진행하는 것에 대한 중요성을 인식하게 된다. 이러한 질서감에 대한 경험은 유아들이 정보 조직 능력과 비판적 사고 능력을 개발하는 데 도움을 준다.

(5) 책임감과 협동심 증진

일상생활영역은 유아들에게 환경과 다른 사람들에 대한 책임감과 존중감을 심어 준다. 화분에 물 주기, 선반의 먼지 털기, 식탁 정리정돈 등 교실 환경 가꾸기와 관련된 활동은 유아들에게 깨끗하고 질서 있는 공간 유지의 중요성을 인식시킨다. 또한 일상생활영역의 모든 활동은 또래와 협동하게 하고, 상대방을 존중하고 배려하도록 이끄는 사회적 상호작용을 촉진한다. 이러한 활동들은 유아들 사이에 공동체 의식, 공감, 그리고 협동심을 길러 준다.

[그림 1-9] 자연스러운 환경 속에서 교육을 통한 정상화를 강조하는 몬테소리 교육

출처: https://www.montessori.org.nz/montessori/a-brief-history/

몬테소리 일상생활영역의 기원

일상생활영역의 훈련은 카사 데이 밤비니(Cass dei Bambini)에서 출발되었다. 당시에는 교사 대 유아의 비율이 높았던 탓에 부족한 교사의 일손을 돕기 위해 유아들이 청소와 식사 준비를 돕도록 하였는데, 그로부터 일상생활 훈련이 비롯되었다.

어느 날, 책상 위를 청소하다가 먼지가 일어남을 본 유아는 그것을 해결할 수 있다는 자신감에 더욱 열심히 청소를 하였으며 먼지를 없앤다는 흥미로부터 시작하여 브러시를 가지고 창틀의 먼지를 청소하는 것으로 확장되었다.

마리아 몬테소리는 유아들이 집안의 일상적인 일들에 상당한 흥미를 갖고 있음을 관찰하였고, 즐겁게 일상생활에 관련한 작업을 하는 것을 목격한 몬테소리는 먼지 털기, 쓸기, 담기 등 실생활 속의 내용을 유아 발달에 알맞게 순서화하고 교재화하였다.

마리아 몬테소리는 유아들의 놀이장면을 관찰하며 일상생활에 적응적인 유아로 성장하는 것을 돕기 위해 손닦기, 세탁하기, 금속 닦기, 다림질하기 등과 같은 일상생활 중의 활동을 유아 자신이 실행할 수 있게 제안하였다.

이후에는 환경 돌보기 이외에 자기 자신에의 배려도 교재화하여 교육과정에 넣게 되었다. 코풀기에 대해『유아의 비밀』에서 몬테소리가 소개한 일화 내용은 인상적이다.

> "나는 어느 날, 유아 앞에서 코풀기 시범을 보였다.
> 유아들은 나를 관찰하는 중에 누구도 웃지 않았고
> 집중하여 흥미롭게 각 장면을 경청하였다.
> 시범하기가 끝났을 무렵에 마치 극장의 관객처럼 유아들은 환호의 갈채를 보내며
> 큰 소리로 '감사합니다'라고 말했다."

이후 몬테소리는 일상생활영역의 모든 작업의 각 부분을 분석하고, 어려운 부분, 쉬운 부분, 제시 순서와 비중에 따라 각 활동을 구분하여 범주화시키고, 보다 적응적이고 품위 있는 방법으로 제시할 수 있는 방법을 고안하여 유아들에게 가르쳤다.
몬테소리 일상생활영역은 이러한 기원을 가지고 시작되고 발전해 왔다. 즉, 산로렌조

밤비니 어린이집에서 실행했던 실생활 훈련이 일상생활영역의 토대가 된 것이다.

일상생활영역의 연습과 훈련은 유아들의 발달을 정상화로 이끌기 위한 몬테소리 교육의 기초이자 중요한 영역이다.

몬테소리는 일상생활영역에 포함된 모든 작업을 유아 스스로 자신을 인식하고 구성하며, 자신의 미래를 창조하는 것이기 때문에 유아교육 내용에 반드시 포함되어야 한다고 강조하였다.

5 몬테소리 교육 일상생활영역의 기본 내용

몬테소리 교육 중 일상생활영역은 유아 발달과 학습 태도 형성의 토대가 되기 때문에 매우 중요하다. 몬테소리 교육에서 일상생활영역의 내용 요소는 국가와 나라마다 문화와 습관의 차이에 따라 조금씩 다르나 다음과 같은 8대 기본 요소는 공통적으로 일상생활영역의 내용으로 다뤄야 한다.

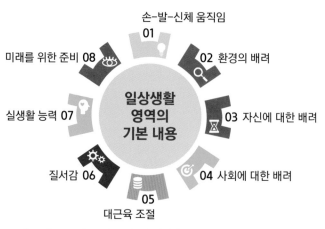

[그림 1-10] 몬테소리 일상생활영역의 8대 기본 내용

(1) 손과 발 및 신체의 움직임(elementary movement)

- 일상생활영역에서는 물건 옮기기, 나르기, 내려놓기, 앉기, 걷기, 밀기, 던지기 등 신체 움직임의 가장 기본적인 단위로부터 큰 근육의 움직임에 관한 내용을 다룬다.
- 손끝과 발, 신체 근육을 조절하는 민감성을 기르며, 신체와 물건의 만남, 물건과 물건, 물건과 자신과의 관계를 알아가면서 환경에 적응하는 능력을 기를 수 있다.

(2) 환경의 배려(care of environment)

- 주변 환경을 이해하고 관리의 중요성을 인식시켜 줄 수 있는 내용을 다룬다.
- 먼지 털기, 쓸기, 자르기, 거울 닦기, 나무 닦기 등 환경을 관리하고 배려하는 방법을 다룬다.

(3) 자신에 대한 배려(consideration for oneself)

- 머리 빗기, 옷 입기, 코풀기 등 자신이 스스로 할 수 있는 일상생활에 관한 내용을 다룬다.
- 자신의 소중함과 아울러 다른 사람의 상황도 배려할 수 있다.

(4) 사회에 대한 배려(consideration for society)

- 인사하는 법, 양보하는 법 등의 기본예절에 관한 내용을 다룬다.
- 대인 간에 지켜야 할 예절을 익히고 배려를 통해 사랑, 봉사의 의미를 이해할 수 있으며, 인사하기, 미안합니다, 감사합니다 등의 대면 언어 예절의 내용을 익힌다.
- 타인의 존재를 이해하고 타인과 신뢰를 형성하며 사회생활에 필요한 약속과 규칙들을 익힘으로써 다른 사람에게 피해를 주지 않고 배려하는 행동을 익힌다.

(5) 대근육 조절(control large muscles)

• 유아들의 대근육 사용은 단순히 근육 조절에 국한된 것이 아니라 내적 의지와 심리 조절 능력과 연관되어 있고, 유아들의 의지는 신체 움직임에 영향을 받으므로 대근육 관련 활동을 통해 유아의 의지를 조절할 수 있도록 돕는 내용을 다룰 수 있다.

• 대근육 운동 조절에 관한 활동들은 초기에는 미숙한 운동의 조정과 근육 운동으로 시작되지만 지속적인 연습과 반복을 통해 능숙한 근육 조절 능력으로 발달해 간다.

• 신체 균형 감각을 익히며 의지 조절을 연습하기 위해 '정숙 연습' 등을 통하여 정신을 집중하고 몸과 마음을 조절하는 경험을 다룬다.

• 정숙 게임(silence game)은 시지각 사용을 중지하고 그 외의 감각 활용을 하여 주변을 세심히 관찰함으로써 감각의 민감성을 촉진할 수 있으며, 자기 감정을 제어하고 깊은 정숙으로부터의 규칙 준수에 대한 동기를 부여 받을 수 있다.

(6) 질서감(order and routine)

• 일상생활의 모든 활동은 순서에 따라 질서 있게 제시된다. 유아들은 바른 것 따르기, 붓기, 바느질, 책상 닦기 등의 각 활동을 일련의 단계에 따라 실생활 적응 능력을 익히며 질서 의식을 발달시키고, 순서와 시간 개념을 내면화한다.

• 식탁을 차리거나 놀이 후에 청소하는 것과 같은 일상생활에 연관된 연습에 참여하는 것은 유아들에게 실제 삶에서 안정감, 예측 가능성, 질서감 등을 익힐 수 있다.

(7) 실생활 능력(practical ability)

• 옷입기, 벗기, 접기, 식탁 준비하기, 청소하기, 꽃꽂이하기 등과 같은 일상적인 활동은 실생활 적응 능력을 신장시켜 준다.

• 몬테소리 일상생활영역 활동에 참여하면서 유아들이 실제 생활에서 자기를 관

리하는 능력, 문제 해결 능력, 그리고 실생활에 대한 책임감 또한 기를 수 있다.

(8) 미래를 위한 준비(preparation for the future)
- 유아들이 일상생활 활동에 참여하는 것은 평생에 활용할 실용적인 능력을 개발하도록 돕는다.
- 몬테소리 교육은 유아들에게 삶을 살아가는 데 필요한 기초 능력을 갖추게 함으로써 유아들을 성인기에 대비시키는 것을 강조하고 있다.

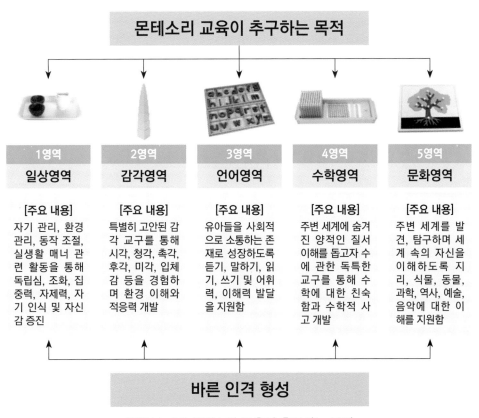

[그림 1-11] 몬테소리 교육이 추구하는 목적

이러한 몬테소리 일상생활영역의 중심 내용들은 다른 제반 영역과 분리된 별도

영역이기보다는 상호 밀접히 연계되어 있다. 일상생활영역의 모든 활동은 감각영역의 보고, 듣고, 만지고, 움직여 보는 등 다양한 감각영역과 연계될 수 있으며, 수학영역에서의 계량 작업과 분석 활동(순서, 질서, 크기, 양) 등과 함께 진행할 수 있다. 또한 언어영역에서는 환경의 이름을 중심으로 한 사물의 명칭 익히기와 연계되거나, 문화영역에서도 일상생활의 훈련을 통해 익힌 사회적 행동과 고유한 생활양식 체험이 통합적으로 연계됨으로써 유아의 제반 발달을 지원할 수 있다.

궁극적으로 몬테소리 교육의 목적은 유아들의 원만하고 안정적인 '인격 성장'을 돕는 데 있다. 몬테소리 교육은 유아들의 타고난 호기심을 키우고 즐거운 학습 환경을 조성하며 자기 학습 동기를 부여함으로써 자기를 조절하고 절제하며 타인과 바른 관계를 형성할 수 있는 미래 시민으로서 올바른 인격 성장을 도모하는 것이 가장 궁극적인 목표라고 볼 수 있다.

Focus on

몬테소리 일상생활 훈련을 통해 얻을 수 있는 유익

일상생활영역은 실생활에서 필요한 모든 생활 내용과 대인관계에서 필요한 인사 예절 등이 포함되며 다음과 같은 유익이 있다.

(1) 정신의 성장을 돕는다
- 일상생활영역의 모든 작업을 통해 집중력과 질서감을 기를 수 있다.
- 활동을 마무리한 뒤 성취감과 만족감을 얻게 된다.

(2) 신체적 발달을 돕는다
- 일상생활영역의 활동을 통해 대근육 및 소근육과 연관된 동작을 연습할 수 있어서 신체 운동 능력이 발달되고 협응력이 생긴다.

(3) 사회성 발달을 돕는다
- 자신과 타인을 배려하는 마음과 함께 '고맙습니다' '미안합니다' '실례합니다' 등의 예의 바른 언어 활용에 익숙해지면서 사회성 발달을 돕는다.

(4) 책임감과 독립심 발달을 돕는다

- 일상생활 연습을 충실히 시행한 유아는 자신과 주변 환경을 스스로 보살필 수 있으며, 자신이 선택한 것에 대한 책임감과 독립심 발달을 돕는다.

(5) 안정적인 정서 함양을 돕는다

- 일상생활 연습은 유아를 정서적으로 풍요롭게 한다.
- 일상생활 연습은 유아에게 긴장감의 해소를 돕고 미숙한 일상생활 능력을 반복하여 숙달할 수 있는 기회를 제공하기 때문에 안정적인 정서감 형성을 돕는다.

(6) 의사결정력 증진을 돕는다

- 일상생활 연습은 교사의 지시에 의해서 행해지는 것이 아니라 유아가 자유롭게 선택하여 자신의 흥미가 지속되는 동안에 자유롭게 할 수 있으므로 유아의 자율성과 의사결정능력을 개발시킨다.

"몬테소리 일상생활 훈련은

간접적으로 유아의 읽기 및 쓰기 준비를 돕는다.

실용적인 일상생활 활동을 통해 유아들은

손과 눈의 협응력과 근육 조절을 연마하고 왼쪽에서 오른쪽으로,

위에서 아래로 작업을 수행하여 자연스럽게 쓰기와 읽기를 준비하게 된다."

– 마리아 몬테소리 –

 6 몬테소리 일상생활영역 환경 구성

1) 일상생활영역 환경의 중요성

몬테소리 교육에서 환경 구성은 유아의 학습과 발달을 촉진하는 데 중요한 역할

을 한다. 몬테소리 교육의 기본 철학은 유아들이 준비된 환경을 통해 실현되기 때문에 환경이 미치는 영향력은 매우 크다. 몬테소리 일상생활영역에 준비된 환경의 중요성은 다음의 몇 가지를 들 수 있다.

[그림 1-12] 몬테소리 교실 전경

출처: https://sapientiamontessori.com/

(1) 준비된 환경에서 유아들의 깊이 있는 학습이 가능하다

몬테소리 교실의 환경은 유아들의 자기주도적인 학습을 통해 독립심을 길러 주기에 적절하게 고안되어 있다. 유아들은 준비된 환경에서 그에 알맞은 의미있는 학습을 이어 간다. 따라서 즉흥적인 환경이 아니라 '준비된 환경'을 제공하는 것이 환경구성의 첫 번째 요건이다.

(2) 세심히 준비된 교구들을 통해 유아들은 실생활 능력을 증진할 수 있다

몬테소리 교실은 유아의 발달 단계에 맞춰 순서와 중심 내용에 따라 구조적으로 설계된 다양한 교구로 가득하다. 각각의 교구들은 개별 교구마다의 목적이 있어서 유아들이 교구를 가지고 작업을 하다 보면 자연스럽게 교구에 담긴 의미와 개념들을 습득하게 된다. 혹시 유아들이 활동을 하면서 실수를 하더라도 자신의 실수를 교정하고 그로부터 새로운 것을 배울 수 있어서 문제 해결 능력과 자기 수정이 가능하도록 설계되어 있다. 따라서 교구의 일부분이 누락되거나 빠짐이 있다면 유아

들은 본래의 교구가 목적하는 바를 익힐 수 없을 것이다. 유아들은 준비된 환경, 특히 잘 준비된 각각의 교구를 탐색하면서 생활에 필요한 제반 개념들을 확장해 가므로 세심히 준비된 교구가 중요하다.

(3) 준비된 환경에서 유아들은 공간적 질서감과 시간적 순서감을 익힌다

일반적으로 몬테소리 교실에서 질서와 구조 및 청결이 강조되지만 일상생활영역에서 특히 중요하다. 몬테소리 교실은 조직적이고 시각적으로 매력적인 것들로 가득하며 특정 활동들은 지정된 공간에 배치된다. 교실의 각 교구는 정해진 순서에 따라 진행되어야 효율적으로 작업을 마칠 수 있다. 이러한 공간에 부여된 질서감과 시간적 순서감은 유아들로 하여금 규칙을 이해하고 활동에 대한 집중력과 책임감을 기르는 데 도움을 준다. 교실 내 모든 환경은 잘 정돈되어 있어서 유아들은 자연스럽게 질서감과 정돈의 중요성을 인식하게 된다.

(4) 준비된 환경에서 유아들은 최고의 집중력을 발휘한다

몬테소리 교실 환경은 유아들의 산만함을 최소화하고 자신이 선택한 활동에 집중할 수 있도록 구성되어야 한다. 교구와 교실의 공간은 활동에 집중하도록 배치함으로써 유아들은 보다 깊이 있는 학습 경험에 참여할 수 있게 된다.

이렇듯 몬테소리 수업의 환경 구성은 유아의 전체적인 발달을 지원하기 위해 의도적으로 설계되어 준비되어야 한다. 교사들은 잘 준비된 환경을 유아들에게 제공함으로써 안정적인 학습 태도를 형성하고, 깊이 있는 일상생활 연습을 통해 자신감과 책임감을 가지고 자기주도적인 학습자로 성장할 수 있도록 지원하여야 한다.

2) 일상생활영역 교구가 갖추어야 할 조건

마리아 몬테소리는 평소 교구의 중요성을 언급할 때 교사가 제공한 교구가 유아발달 수준에 알맞다면 유아의 인격 형성은 스스로 구축된다는 점을 강조하였다.

[그림 1-13] 일상생활영역의 실꿰기 바느질 교구

출처: https://himontessori.com

몬테소리 교사는 '준비된 환경'에서 유아들이 마음껏 반복하여, 자유로이, 자기만의 발달 리듬에 맞게 충분히 활동할 수 있도록 배려해야 하는데, 그것에 더 우선되어야 하는 것이 충분히 '매력적인 교구'다. 일상생활영역을 실행하는 교사는 준비된 환경을 조성하고 유아에게 교구를 제시해 주고 유아들이 작업할 때 자유로운 분위기에서 반복하여 집중할 수 있도록 돕기 위해 일상생활영역 교구가 갖추어야 할 조건을 살펴보면 다음과 같다.

일상생활영역의 교구는

- 사회문화적 특성이 반영된 것으로 배치한다.
- 크기, 높이, 무게는 유아에게 적합하여 잡고, 나르고, 사용하기에 적절해야 한다.
- 보기에 아름답고 매력적이어야 한다. 교구가 매력적일수록 활동 선택의 동기가 높아진다.
- 쉽게 닦을 수 있고 세탁이 가능한 위생적인 것을 제공한다.
- 유아 스스로 실수를 정정 가능하도록 구성된 것이어야 한다.
- 인공적인 것보다 자연 소재의 교구를 배치한다.

- 실패 요소가 많지 않고 난이도가 적당한 것으로 구성한다.
- 실생활에서 사용되는 실물들로 배치한다.
- 단순한 것으로부터 복잡한 것으로 확장해 나간다.
- 전체를 이해하고 부분을 인식하도록 배치해 간다.
- 구체물로 시작하여 추후에 추상물로 확장해 나간다.
- 깨끗하고 파손되지 않은 상태로 제시하여야 한다.
- 동일한 교구를 두 개 배치하지 않는다.
- 직접목적과 간접목적 등 추구하는 교구의 목적이 뚜렷하게 반영되도록 구성한다.

　교사들은 이러한 일상생활영역 교구가 갖추어야 할 기본 조건들을 감안하여 유아들이 등원하기 전에 환경을 준비하고, 제시 방법에 알맞게 활동 방법을 안내하여 유아들이 선택한 활동에 집중하고 반복 연습을 통해 만족감과 성취감을 얻도록 지원해야 한다.

"몬테소리 일상생활영역의 모든 활동 자료에는
'자기 수정, 오류 제어'가 포함되어 있어서
유아가 작업을 하면서 스스로 수정하고 학습하도록 설계되어 있다.

유아들은 자신의 교육과 발달 속도를 통제할 수 있으며,
자신의 작업을 성공할지 또는 다시 시도할지
선택할 의지를 가지고 있다."

– 마리아 몬테소리 –

3) 일상생활영역의 자연물 매체 활용 방법

몬테소리 일상생활영역에서는 꽃, 흙, 모래, 씨앗 등과 같은 자연 친화적인 실물들을 활용할 수 있다. 자연물의 종류에 따라 구체적으로 일상생활영역에 활용할 수 있는 방법을 살펴보면 다음과 같다.

자연물	활용 방법	일상 활동명
꽃	꽃꽂이로 사용하던 꽃이 시들면 그늘에 말려서 꽃잎을 하나씩 뜯어 사용한다. 국화류가 좋다.	• 옮기기 • 붙이기 • 분류하기
흙, 모래	유아들이 가깝게 접할 수 있는 매체로, 마른 것이 좋고 몇 번 걸러서 사용한다.	• 채치기 • 마른 것 따르기
나뭇가지	가지 채로 사용하거나 어슷하게 잘라 사용한다.	• 붙이기
씨앗	다양하게 구할 수 있는 장점이 있다. 다양한 씨앗을 계절에 맞추어 준비한다.	• 따르기 • 분류하기 • 옮기기
자갈, 돌	자연적인 것을 깨끗이 씻어 사용한다. 때에 따라서 색을 칠해 사용할 수 있다.	• 분류하기 • 옮기기
솔방울	유아들이 촉감을 느낄 수 있는 매체로 깨끗이 씻어 사용한다.	• 옮기기
복숭아 씨, 호두 껍질	씨 자체를 사용해도 좋고 씨를 쪼개어 사용해도 좋다.	• 옮기기 • 일대일 대응하기
조개껍질	자연물 그대로를 깨끗이 씻어 사용한다.	• 닦기 • 분류하기 • 꿰기
나뭇잎	여러 가지 나뭇잎을 색칠하여 다림질을 한다.	• 다림질하기
마카로니	딱딱한 것을 사용한다. 래커를 이용하여 색을 입혀도 된다.	• 따르기 • 꿰기 • 붙이기
밀가루	밀가루를 자연 그대로 사용할 수도 있고, 반죽하여 사용할 수도 있다.	• 채치기 • 상 차리기
풀	그늘에 말려서 사용한다.	• 붙이기 • 분류하기
과일	과일 자체를 이용해도 되고, 껍질과 씨를 분리해서 쓸 수 있다.	• 썰기 • 즙내기
여러 곡식	계절에 맞는 여러 곡식을 준비한다.	• 따르기 • 분류하기

몬테소리 교육에서 자연물을 사용할 때의 이점은, 첫째, 유아와 자연 세계와의 연대감을 제공할 수 있다는 것이다. 유아들은 자연물을 일상생활영역에서 경험하면서 실제적인 자연과 교감하며 자연에 대한 경이로움과 감사함을 기를 수 있다. 둘째, 돌, 꽃, 물, 자갈 등의 자연물을 만지고, 냄새를 맡고, 관찰하고, 맛보면서 감각 자극의 기회를 가질 수 있다. 셋째, 흙과 씨앗, 나뭇가지 등의 자연물을 경험하면서 환경을 존중하고 생명을 소중히 여기는 태도를 기를 수 있다.

　몬테소리 일상생활영역에서 자연물을 매체로 활용하는 경우에 계절에 따라 자연물의 소재를 적절히 선택하되, 유아들로 하여금 자연 환경을 소중히 다루는 태도를 함께 익히는 것이 좋다.

[그림 1-14] 일상생활영역 꽃꽂이 활동 교구와 자연친화적인 유아

출처: https://rhythmsofplay.com/flower-arranging-montessori-practical-life-activity-for-kids/

7 몬테소리 일상생활영역에서의 교사의 역할

모든 교육에서와 마찬가지로 몬테소리 교실에서도 교사의 역할은 매우 중요하다. 하지만 몬테소리 교사의 역할은 전통적인 교실에서 차지하는 교사의 역할과는 조금 차이가 있다. 일반 유치원 교실에서 교사들은 유아들에게 하루 일과에 필요한 정보를 안내하고 활동을 격려하지만 몬테소리 교사는 목적에 맞게 개발된 교구를 유아들의 발달 수준에 맞게 제시하고 이끄는 방식을 취한다. 즉, 몬테소리 교사는 몬테소리 교육의 제반 교수과정과 교수학습 방법을 세밀히 이해하고 교구의 목적과 실천 과정에 숙달되어야 한다는 점에서 차이가 있다고 볼 수 있다.

교사는 일상생활영역에서 교구를 안내하여 직간접적으로 유아들의 발견 학습을 이끈다. 몬테소리 교육을 실행하는 교사들은 유아들이 새로운 것을 학습할 때 선천적으로 가지고 태어난 인지능력을 활용하여 스스로 가장 잘 배운다는 것을 인정해야 한다. 학습 과정에서 유아들이 얻게 되는 가장 큰 보상은 교구 활동을 마무리했을 때 얻게 되는 자부심이다.

[그림 1-15] 일상생활영역의 물 따르기 장면

출처: https://www.guidepostmontessori.com/

"몬테소리 일상생활 훈련에 사용되는 모든 교구는

깨지기 쉬운 실물을 사용하며,

일상생활에서 실제 사용하는 재료와 도구를 사용한다는 점에서

생활의 '실제'를 다룬다."

– 마리아 몬테소리 –

1) 일상생활영역에서의 교사의 책임과 의무

유아들은 준비된 환경에서 발달에 가장 적절한 것을 학습하기 때문에 몬테소리 교실에서 교사의 우선된 역할은 환경을 준비하는 것이다. 일상생활영역에서 교사들은 각 활동 교구들의 직접적이고 간접적인 목적에 따라 유아들이 교구를 접할 수 있도록 제시하는 역할을 담당한다. 몬테소리 교육에서 일상의 영역을 안내하는 교사들의 책임과 의무를 제시하면 다음과 같다.

(1) 준비된 환경 조성하기

교사들은 일상생활영역을 위해 체계적이고, 질서 있는 환경을 마련하고 관리할 책임이 있다. 교사들은 유아들이 재료와 도구에 접근할 수 있도록 적절한 공간에 배열하고 미적으로 쾌적하고 매력적인 환경이 유지되도록 힘써야 한다.

(2) 활동 안내 및 시연하기

교사들은 몬테소리 교육과정을 정확히 이해하고 그에 근거한 활동의 목적을 인식하여 각 활동을 유아들에게 지침에 따라 안내할 수 있어야 한다. 몬테소리 교실에서 준비된 환경만큼 중요한 교사의 역할은 교구 소개 및 시연이다. 교사들은 각 활동에 관련된 교구와 재료들을 능숙하고 안정된 제시 방법으로 시범을 보일 수 있어야 한다. 유아들은 교사들의 시범을 보고 자신이 관찰한 활동과 교구의 활용 방법을 이해하고 독립적으로 활동을 실행할 수 있다. 몬테소리 교육에서 선생님의

'생명력을 불어넣는 모델링'과 '가이드'는 몬테소리 교육과정의 핵심 요소다.

(3) 개별화 작업 지원하기

교사들은 유아들이 개별화 작업을 하는 동안에 적절한 수준의 도전을 이어 가도록 지원하는 역할을 하여야 한다. 근접발달지대 내에서 제공되는 교사들의 적절한 격려와 피드백은 작업을 성공적으로 마무리하도록 격려하며, 실수를 두려워하지 않고 작업을 마무리할 수 있는 자신감을 키울 수 있도록 돕는다.

(4) 관찰 및 기록화하기

교사들은 일상생활영역에서 각 유아들의 제반 활동을 관찰하고, 그들의 발달력을 기록하는 역할을 담당한다. 학습과 연관된 교사의 전문적인 기록화 작업은 유아들의 작업에 대한 성취, 발달의 이정표로 남게 된다. 이렇게 기록된 학습과 발달에 관한 정보는 개별화된 교육에 기초 정보를 제공하고, 유아의 발달과 학습에 관해 부모와 소통하는 데 중요한 밑거름으로 활용된다.

(5) 인격 형성 돕기

교사들은 몬테소리 제반 일상생활영역의 활동을 통해 궁극적으로 유아들의 올바른 인격 형성을 돕는 역할을 담당한다. 몬테소리 교육과정이 인지력 발달과 깊이 연관된 내용들을 다루고 있지만 궁극적으로 목표하는 것은 지적 능력 향상에 국한된 것이 아니라 바른 인격 형성이다. 유아들은 일상생활영역의 활동을 선택하고, 그것을 연습하며 실생활 문제를 해결하고, 스스로 자기 행동을 조절하는 법을 익혀간다. 이러한 과정은 유아 스스로 자기 인격을 완성할 수 있도록 힘을 길러 줌으로써 유아들의 자립심을 키워줄 뿐만 아니라 자기조절 능력, 의사결정 능력을 신장시킬 수 있는데, 그 과정에서 교사는 생명을 존중하는 전체적 인간 형성의 과정을 이해하는 철학자적 관점을 가지고 교사의 소임을 다하는 것이 매우 중요하다.

(6) 전문가로 성장하는 교사

유아 발달을 지원하는 교사의 역할 만큼이나 교사 자신의 지속적인 전문성 개발 또한 교사의 중요한 역할 중 하나다. 발전하는 교사들은 몬테소리 철학에 대한 이해를 확장시키고, 가르치고 학습하는 과정에 대한 나름의 기법을 개발하며, 최신 연구에 대한 정보를 얻기 위해 지속적으로 전문적인 개발에 참여해야 한다. 몬테소리 관련 워크숍, 컨퍼런스, 전문적인 학습 커뮤니티에 참여하여 일상생활영역과 관련된 지식과 능력을 향상시킬 수 있어야 한다.

몬테소리 교사들에게 맡겨진 교사 역할의 중요성을 인식하고 그에 대해 책임감을 가지고 최선을 다한다면 그것은 유아들의 성장에 좋은 자양분이 되어 궁극적으로 몬테소리 교육을 통해 추구하는 정상화와 평화감이 실현되도록 이끌 것이다.

"몬테소리 일상생활 훈련은
몬테소리 다섯 개 영역 중 유아들이 가장 좋아하는 영역이다.

선반에 준비된 모든 활동은 유아들이 이미 주변에서 보았고,
만져 보고 즉시 해 보고 싶은 활동들로 가득 하기 때문이다."
– 마리아 몬테소리 –

2) 교구 시범에 일반적인 주의사항

몬테소리 교실에서 교사가 유아에게 교구 또는 활동을 소개할 때는 일반적으로 다음과 같은 사항을 유의해야 한다.

[그림 1-16] 일상생활영역에서 교사의 시범 보이기
출처: https://www.leportschools.com/

- 시범을 위해 유아를 초대할 때는 흥미로운 방법으로 초대하는 것이 좋다.
- 시범을 보이기 전에 교구의 명칭을 제시한다. "이 활동은 ……라고 부른단다" "나는 너에게 ……을 보여 주려고 해" 등으로 제시할 수 있다.
- 유아의 활동은 교사의 시범이 모두 마친 후에 시작하도록 안내한다.
- 교구 활동을 모두 마친 후에는 제자리에 정리하는 시범을 보여 유아 스스로 정리할 수 있도록 안내한다.
- 교사는 부득이한 경우를 제외하고는 가급적이면 오른손을 사용하며, 유아의 오른쪽에 앉는다.
- 교사의 시범 후 유아가 활동을 시작하면 유아에게서 조금 더 물러나 활동장면을 관찰한다.
- 책상 위에서 작업을 할 경우에는 의자에 앉기 전에 교구를 책상 위에 먼저 올려 놓는다.
- 뚜껑이 있는 교구를 사용할 때는 뚜껑을 열어 상자 밑에 놓는다.
- 교구 상자 안의 내용물 중 일부만 사용할 경우에는 그것을 꺼낸 후 뚜껑을 다시 덮어 놓는다.

- 바닥에서 작업을 할 경우에는 활동하기 전에 적당한 공간에 매트를 편 후 활동한다.
- 매트는 유아의 작업 공간 범위를 정해 주는 의미가 있으므로 교구 및 활동에 비례한 적당한 크기로 준비한다.
- 교사는 교구를 안정되고 능숙하게 시범 보이도록 연습하며, 사전에 제시할 교구에 오류는 없는지 점검한다.
- 제시하는 과정에서 유아에게 강조하고 싶은 곳이 있다면 잠시 멈추어 쉼 동작을 가짐으로써 유아가 보다 잘 집중하여 관찰할 수 있도록 돕는다.
- 일상생활영역의 시범을 보일 때는 되도록 언어적 상호작용은 최소화하는 것이 좋다.
- 교구명과 제시 과정에서 새로운 어휘를 제시할 때는 '3단계 교수법'을 사용한다.

[그림 1-17] 일상생활영역에서 유아의 책상 닦기

출처: https://www.leportschools.com/

기본 활동에서 변형되거나 응용된 활동을 제시하는 경우에는 교사가 교구를 소개한 후에 유아가 교구를 가지고 하는 활동을 잘 관찰하고 어느 정도 시간이 경과되어 유아에게 좀 더 도전적인 자극이 필요하다고 느껴질 때 소개하는 것이 적절하다. 원래 교구 변형이나 응용은 유아가 창의적인 방법으로 교구를 사용하는 가운데 이루어지는 것이 바람직하다. 경우에 따라서는 교사가 제시할 필요가 없을 때도 있다.

Focus on

몬테소리 3단계 교수법

몬테소리 교육에서 교구를 제시할 때 흔히 사용되는 3단계 교수법이란 유아들에게 활동을 통해 개념 학습을 돕는 중요한 교수법이다. 교사들은 활동 제시 과정에서 3단계 교수법을 적용함으로써 유아들에게 새로운 어휘를 쉽게 인식하도록 도와 유아의 언어발달뿐만 아니라 인지발달 또한 촉진할 수 있다. 다음은 이 방법을 실행하는 방법의 예다.

[그림 1-18] 몬테소리 3단계 교수법에 따른 색 이름 변별하기

출처: https://montessoritraining.blogspot.com/

● 1단계: 명칭을 소개하는 단계

교구나 물체, 사물의 특징을 설명하고 그것의 이름을 소개한다.

[예: 삼각형 제시하기]

"이것은 삼각형이야. 이것은 세 개의 꼭지를 가지고 있다. '삼각형'이라고 말해 보겠니?"

[예: 깔대기 제시하기]

"이것은 깔대기라고 해. 윗부분은 원형인데 아랫부분으로 좁아지면서 빨대 같은 것이 이어져 있네. 윗부분으로 무언가를 부으면 아래쪽으로 모아지게 되지. 이것을 깔때기라고 해. '깔때기'라고 말해 보겠니?"

● **2단계: 두 개 이상의 사물 중 소개한 사물을 선택하고 가리켜 봄으로써 사물의 명칭을 재인식시키는 단계**

"이것들 중 삼각형은 어느 것이니? 삼각형을 가리켜 보겠니?(찾아 보겠니?)"

"이것들 중 깔때기는 어느 것이니? 그것을 가리켜 보겠니?(찾아 보겠니?)"라고 질문함으로써 사물의 이름을 인식했는지 확인해 본다.

교사들은 간단한 게임처럼 진행하여 유아의 어휘력을 강화할 수 있다.

● **3단계: 사물의 명칭을 언어로 표현해 보도록 하는 단계**

"이것은 무엇이니?" "이것의 이름은 무엇일까?"라고 질문하여 대상의 명칭을 기억하고 언어로 표현하게 한다.

이러한 3단계 교수법을 통해 유아는 사물의 명칭과 생각을 이해하고 인식하여 어휘력을 자기화하는 능력을 갖추게 된다.

몬테소리 교육에서 3단계 교수법의 목적은
① 유아들이 직접 경험한 감각적 경험을 기초로 어휘력을 익히며,
② 유아가 인식한 어휘를 보다 정확하게 실생활과 연관 지을 수 있도록 돕고,
③ 청각적으로 정확한 단어를 들을 수 있는 기회를 제공하며,
④ 사물의 관찰력과 변별력을 신장시키고,
⑤ 주변 세계에 대한 이해를 확장할 수 있도록 돕는 데 있다.

3) 몬테소리 일상생활영역을 유아들이 좋아하는 이유

　몬테소리 일상생활영역은 유아들의 발달적 요구와 관심에 부합하도록 설계되었기 때문에 여러 가지 이유로 유아들이 좋아한다. 유아들이 몬테소리의 일상생활영

역 활동을 좋아하는 이유를 꼽아 보면 다음과 같다.

- 일상 교구들이 유아의 눈높이, 신체 크기에 알맞고 예쁜 색감으로 매력적이어서 좋아한다.
- 실제 생활에서 접했던 실물을 직접 가지고 놀이하기 때문에 즐거워한다.
- 실내에 국한된 것이 아니라 밖에서도 활용되는 것을 직접 경험하게 되므로 즐거워한다. .
- 일상생활에 관련된 작업을 연습함으로써 정확한 순서와 질서를 알게 되므로 즐거워한다.
- 활동을 하면서 각 활동에 담긴 소근육·대근육 운동 능력을 습득하게 되어 즐거워한다.
- 활동을 하면서 신체를 자유롭게 움직일 수 있어서 유아들이 좋아한다.

[그림 1-19] 일상생활영역의 설거지하기

출처: https://childledlife.com/

제 II 부

몬테소리
일상생활영역의 실제

1. 환경에 대한 배려

   1-A. 환경에 대한 배려

   1-B. 세련된 손끝을 위한 개인적인 훈련

2. 자기 자신에 대한 배려

3. 사회 적응

4. 자기 운동 및 조절

1

환경에 대한 배려

1-A. 환경에 대한 배려

1) 걷기
2) 의자에 앉고 서기
3) 쟁반 나르기
4) 양동이 나르기
5) 피처 나르기
6) 의자 나르기
7) 책상 나르기
8) 매트 나르기
9) 빗자루, 쓰레받기 걸고 떼기
10) 매트 말고 펴기
11) 매트 손질하기
12) 바닥 쓸기
13) 한 손으로 옮기기
14) 마른 것 붓고 옮기기
15) 젖은 것 붓고 옮기기
16) 선까지 붓고 옮기기
17) 숟가락으로 옮기기
18) 스포이트로 옮기기
19) 집게와 핀셋으로 옮기기
20) 깔때기로 옮기기
21) 젓가락으로 옮기기

22) 손수건 접기
23) 다리미 사용하기
24) 스펀지 짜기
25) 타월 짜기
26) 스펀지로 책상 닦기
27) 솔을 사용하여 책상 닦기
28) 빨래하기
29) 거울 닦기
30) 금속 광내기
31) 빵 가루내기
32) 빵 부스러기 쓸고 모으기
33) 차 만들어 대접하기
34) 버터, 잼 바르기
35) 시리얼 대접하기
36) 과일 썰기
37) 야채 썰기
38) 도시락 준비하고 정리하기
39) 꽃꽂이하기
40) 나뭇잎 닦기
41) 꽃과 나무에 물주기
42) 촛불 켜고 끄기

1-B. 세련된 손끝을 위한
개인적인 훈련

43) 끈 끼우기
44) 붙이기
45) 자르기
46) 구멍 뚫기
47) 매듭짓기
48) 바느질하기
49) 단추 달기
50) 천 바느질하기
51) 십자수 바느질하기
52) 종이 직조 짜기
53) 직조하여 가방 만들기
54) Y 직조 짜기
55) 목도리 짜기
56) 모자 짜기
57) 병뚜껑 열고 닫기
58) 빨래집게 사용하기
59) 자물쇠와 열쇠 사용하기
60) 나사 빼기와 끼우기
61) 실 감기

1-A. 환경에 대한 배려

1) 걷기

 활동에 필요한 교구

별도의 교구 없음

 활동의 목적

- 직접목적*: 신체를 균형감 있게 조절하여 보행할 수 있다.
- 간접목적**: 걷는 방법이 장소에 따라서 차이가 있음을 안다.

  안정적인 걷기 활동을 통해 환경 적응에 대한 자신감과 독립심을 기른다(집중력, 질서감, 사회성, 대근육 · 소근육 조절 능력 증진).

 대상 연령

2세 이상

---

* 직접목적이란: 본 활동을 통해 익히고자 하는 행동적(behavior) 측면과 숙달 가능한 기술(skill)에 관한 내용을 제시함.

** 간접목적이란: 제시된 활동을 하면서 자연스럽게 익히게 되는 태도(attitude)나 지식(knowledge)에 관한 내용을 제시함.

제시 방법

① 유아에게 활동명을 소개한다. "바르게 걷기를 보여 주고 싶어요."

② 허리를 펴고 시선은 정면을 향하고 두 발을 모아 출발점에 선다.

③ 자신에게 맞는 보폭으로 발뒤꿈치를 먼저 바닥에, 그다음 앞 발가락을 바닥에 붙이며 걷는다(주위의 물건을 밟거나 부딪히지 않고 조용히 걷는다).

④ 끝 지점에서 두 발을 모은다.

⑤ 제자리로 돌아와 양발을 모으고 바로 선다.

※ 걷고 있을 때 종을 울려서 한 번 멈추게 했다가 다시 걷게 한다.

자세, 안정감, 정숙함에 주의해서 걷도록 한다.

제공법에 따라 자세, 속도, 신체의 평형에 주의해서 걷도록 시킨다.

<정면 걷기>

<장애물 사이 걷기>

유아의 흥미점

• (발소리가 나지 않게 걷는다) 느린 걸음으로 사람이나 물건에 부딪히지 않고 걷는다.

실수를 통한 유아의 자기 행동 정정

• 사람이나 물건에 부딪힌다. 발소리를 낸다.

 활동의 변형과 응용

• 물건을 들고 걷는다.
• 양발(뒤꿈치)을 붙이며 걷는다(오른발을 옮길 때 왼발 앞꿈치에 붙이듯이 걷는다). 여러 장의 매트를 펴 놓고 매트 사이를 걷는다(책상, 물건, 시설물의 사이 걷기).

2) 의자에 앉고 서기

활동에 필요한 교구

유아용 의자, 책상

활동의 목적

- 직접목적: 책상과 의자에 바르게 앉고 설 수 있다.
- 간접목적: 주변 사물을 질서 있게 다루는 방법을 이해한다.

  대근육과 소근육을 조절하며 신체 운동에 대한 자신감을 기른다

  (독립심, 집중력, 질서감 증진).

대상 연령

2.5세 이상

제시 방법

[의자에 앉기]

① 유아와 책상과 의자가 있는 곳으로 가서 활동명을 소개한다.

"선생님이 어떻게 하면 의자에 조용히 앉고 일어서는지 보여 줄게요."

② 의자 뒤에 서서 몸을 낮추고 의자의 등받이를 양손으로 잡아 든다.

이때 손은 손바닥이 몸쪽으로 보이도록 등받이를 잡는다.

③ 의자를 살짝 들고 2~3걸음 뒷걸음질하여 들었던 의자다리를 앞 왼쪽, 앞

오른쪽, 뒤 오른쪽 순으로 살짝 내려놓는다.

④ 의자 옆으로 가서 선다.

⑤ 안쪽의 다리부터 책상 밑으로 집어넣으며 상체를 앞으로 돌려 깊숙이 앉는다.

⑥ 무릎을 정돈하여 맞추고 무릎 위에 양손을 바르게 올려놓는다.

[의자에서 서기]

① 몸을 돌리면서 바깥쪽 다리부터 책상 밑에서 뺀다.

② 소리나지 않게 서서히 일어난 후 의자 뒤쪽으로 가서 선다.

③ 몸을 굽혀 의자 등받이를 양손으로 잡고 살짝 들어 올린다.

④ 앞으로 2~3걸음 나아가 앞 왼쪽, 앞 오른쪽, 뒤쪽 순으로 의자다리를 내려놓는다.

⑤ 등받이를 잡고 책상에 가까이 밀어 넣는다.

<앉을 의자 앞에 서기>

<양손으로 의자를 뒤로 빼기>

<모서리에 앉아 다리를
돌려 책상 밑에 넣기>

<앉은 채 의자를 움직여서
책상과 몸 사이를 조절하기>

 **유아의 흥미점**

- 책상 밑에서 의자를 꺼내는 것
- 다리를 돌려서 책상 밑으로 집어넣는 것
- 의자를 소리내지 않고 끄는 것
- 바르게 앉는 것

 실수를 통한 유아의 자기 행동 정정

- 의자를 끌어 당길때 소리를 내는 것
- 책상과 의자 사이에 몸을 넣을 간격이 없다.
- 앉고 설 때 소리가 난다.
- 의자가 뒤로 넘어가는 것, 책상 밑에 넣어 바로 앉을 때 무릎이 책상과 부딪히는 것

 활동의 변형과 응용

- 다양한 종류와 크기의 의자를 사용(접는 의자, 벤치 등)한다.

3) 쟁반 나르기

활동에 필요한 교구

쟁반(상자), 책상

활동의 목적

- 직접목적: 쟁반을 바르게 나를 수 있다.
- 간접목적: 물건을 이동하기 위해 대근육과 소근육을 조절하는 방법을 안다.
  집중력과 질서감 및 타인을 배려하는 태도를 기른다.

대상 연령

2.5~4.5세

제시 방법

① 유아에게 활동명을 소개한다.
  "교실에서 쟁반(상자)을 어떻게 나르는지 보여 주고 싶어요."
② 양손으로 쟁반(상자)의 양쪽을 잡는다.
  엄지가 위로 오게 하고, 다른 네 손가락은 밑으로 가게 한다.
③ 쟁반(상자)을 조심스럽게 들어 올려 허리 높이에 오도록 하고 편안한 자세로 선다.
④ 사람이나 교구장 등에 부딪히지 않도록 조심스럽게 들고 간다.
⑤ 책상 앞에 서서 몸을 약간 굽히고 소리 나지 않게 쟁반(상자)을 책상 위에 놓는다.

⑥ 같은 방법으로 교구장에 되돌려 놓는다.

※ 학기 초에 개별, 소그룹으로 제시한다.

유아의 흥미점

- 쟁반(상자)의 높이를 유지하며 걷는 것
- 소리를 내지 않는 것

실수를 통한 유아의 자기 행동 정정

- 똑바로 들지 못하거나 상자가 흔들리는 것
- 상자를 책상 위에 놓을 때 큰소리가 나는 것
- 떨어뜨리는 것

활동의 변형과 응용

- 여러 가지 물건 나르기
- 쟁반 위에 물건을 놓고 옮기기
- 물병, 물주전자, 대야 나르기
- 양동이를 양손으로 나르기
- 옷걸이 나르기
- 쓰레받기와 빗자루를 함께 나르기

4) 양동이 나르기

 활동에 필요한 교구

손잡이가 있는 양동이, 책상

 활동의 목적

- 직접목적: 양동이를 안전하게 나를 수 있다.
- 간접목적: 옮기는 사물을 소중히 여기는 마음을 갖는다.

  집중하여 활동을 마무리함으로써 독립심과 질서감을 기른다.

 대상 연령

3세 이상

 제시 방법

① 유아에게 활동명을 소개한다.

 "양동이를 어떻게 나르는지 보여 줄 거예요."

② 손잡이의 끝부분을 양손으로 잡고 위로 세운다.

③ 양손을 동시에 손잡이 중앙으로 옮긴 뒤 두 손을 깊숙이 넣어서 꼭 쥔다.

④ 가슴 높이로 양동이를 들어 올린다.

⑤ 원하는 장소에 가서 양동이의 밑부분을 내려놓고 양손을 손잡이 끝으로 옮긴 후 손잡이를 앞으로 내린다.

유아의 흥미점

- 양동이 손잡이를 쥐는 것
- 양동이를 들고 걸어가는 것

실수를 통한 유아의 자기 행동 정정

- 양동이를 떨어뜨리는 것

활동의 변형과 응용

- 양동이 안에 물이나 물건을 넣고 옮기기
- 피처 나르기

5) 피처 나르기

 활동에 필요한 교구

손잡이가 있는 피처(물 주전자), 책상

 활동의 목적

- 직접목적: 피처를 바르게 나를 수 있다.
- 간접목적: 물건을 균형 있게 잡고 옮기는 방법을 안다.

  주변 사물을 주의하여 다루는 태도를 형성한다(독립심, 집중력, 질서감, 자신감 증진 및 대근육 · 소근육 조절).

 대상 연령

3세 이상

 제시 방법

① 유아에게 활동명을 소개한다.

   "피처 나르는 방법을 보여 줄게요."

② 피처의 손잡이를 오른손으로 잡고, 오른쪽 방향으로 살짝 기울인다.

③ 왼손으로 피처의 바닥과 둘레를 감싼다.

④ 두 손으로 피처를 들어 올린다.

⑤ 책상 앞으로 가서 피처의 오른쪽을 살짝 기울여 책상에 놓는다.

⑥ 왼손으로 피처의 윗부분을 감싸듯이 살며시 올린 후 바로 세운다.

⑦ 양손을 소리 안 나게 피처에서 차례로 뗀다.

유아의 흥미점

- 피처를 쥐는 것
- 소리 안 나게 내려놓는 것

실수를 통한 유아의 자기 행동 정정

- 소리가 나는 것

활동의 변형과 응용

- 피처에 물을 담아 옮기기

6) 의자 나르기

활동에 필요한 교구

유아용 의자

활동의 목적

- 직접목적: 의자를 안전하게 운반할 수 있다.
- 간접목적: 의자를 바르게 다루므로 환경을 배려하는 태도를 기른다(독립심, 집중력, 질서감 증진, 환경에의 배려, 대근육·소근육 조절).

대상 연령

2.5~4.5세

제시 방법

◇ 신학기에 개인 또는 집단 제시로 한다.

① 유아에게 활동명을 소개한다. "오늘은 선생님이 의자 옮기는 방법을 보여 줄게요."
② 두 손으로 의자의 등받이를 잡고 천천히 빼낸다.
③ 의자의 옆에 서서 한 손은 의자의 등받이를, 한 손은 앉는 곳의 중심을 잡는다.
④ 의자를 허리 부분까지 조용히 들어 올린다.
⑤ 양쪽 팔꿈치를 허리 부분에 붙이고 들어 올린 채로 앞을 보면서 주위를 살피고 사람이나 물건에 부딪히지 않게 조심하면서 목적지로 운반한다.
⑥ 원하는 장소에서 다시 주변을 살핀 후에 자신에게서 먼 쪽의 앞쪽 왼쪽 다리,

오른쪽 다리를, 그다음 자기 몸쪽의 두 다리를 동시에 천천히 내려놓는다.

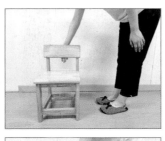 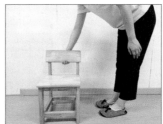

유아의 흥미점

- 본인이 원하는 곳으로 의자가 옮긴 것을 보는 것
- 의자를 소리 나지 않게 들어 옮기는 것

실수를 통한 유아의 자기 행동 정정

- 소리를 내는 것
- 지정된 위치에 놓지 않는 것
- 사람이나 물건에 부딪히는 것

활동의 변형과 응용

- 다른 종류의 의자를 운반하기
- 바닥의 선에 정확하게 옮기기
- 교사가 지시하는 장소로 옮기기

7) 책상 나르기

 활동에 필요한 교구

어린이용 책상, 책상의 크기에 따라 한 사람 또는 몇 사람의 유아

활동의 목적

- 직접목적: 책상을 안전하게 나를 수 있다.
- 간접목적: 다른 사람과 협력하면 혼자하기 어려운 일도 해결할 수 있음을 이해한다.

  협력하여 책상을 나르며 타인을 존중하는 태도를 기른다(독립심, 집중력, 질서감, 자신감 증진 및 대근육 · 소근육 조절).

 대상 연령

2.5~4.5세

 제시 방법

◇ 학기 초가 좋다.

(1) 1인용 책상

　① 유아와 매트꽂이에 가서 활동명을 소개한다.

　　"오늘은 책상 나르는 방법을 보여 줄게요."

　② 옮길 책상 앞에 가서 선다.

　③ 책상 양옆의 가운데 부분을 양손으로 잡는다.

④ 소리를 내지 않고 들어 올린다.

⑤ 사람이나 물건에 부딪히지 않고 목적한 장소로 운반한다.

⑥ 맞은편 왼쪽, 오른쪽, 자기쪽 2개의 다리 순으로 소리 나지 않게 내려놓는다.

(2) 2인용 책상(옆으로 옮기기)

① 교사와 유아가 옮길 책상 앞에 마주선다.

② 나의 앞쪽 책상 끝부분 양쪽 밑부분을 네 손가락으로 감싸쥐고 엄지는 책상 위를 잡는다.

③ 함께 책상을 천천히 들어 올린다.

④ 목적지를 향해 두 사람이 발을 맞춰 옮긴다(옆으로).

⑤ 목적한 장소에 멈춰 선다.

⑥ 소리 나지 않게 한 쪽씩 내려놓는다.

※ 책상을 옮기기 전에 두 사람이 마주 서서 손을 잡고 발을 맞춰 옆으로 걷는 연습을 해 본다.

(3) 2인용 책상(앞으로 옮기기)

유아의 흥미점

• 책상을 옮겨 보는 것
• 소리나지 않게 들어서 옮기는 것

실수를 통한 유아의 자기 행동 정정

• 소리가 나지 않도록 나르기, 사람이나 물건, 책상의 모서리에 부딪히지 않는다.

활동의 변형과 응용

• 앞을 향해 서서 앞 사람은 손을 뒤로 해서 책상을 들고 뒤의 사람은 따라간다(앞으로 옮기기).

<옆으로 옮기기>

<앞으로 옮기기>

• 책상의 모서리를 부딪히지 않도록 걷는다. 장소를 지정한다.

<2인용 책상 옮기기>

8) 매트 나르기

 활동에 필요한 교구

작업용 매트 또는 비닐 매트

 활동의 목적

- 직접목적: 매트를 바르게 옮길 수 있다.
- 간접목적: 원하는 위치에 매트를 옮김으로써 다른 활동을 준비하는 태도를 기른다(독립심, 집중력, 질서감, 환경에의 배려감 증진 및 대근육·소근육 조절).

 대상 연령

2.5~4.5세

 제시 방법

① 유아와 매트꽂이에 가서 활동명을 소개한다.

"이것은 매트입니다. 매트를 나르는 방법을 보여 줄게요."

② 오른손으로 매트의 윗부분을 살짝 잡아 앞쪽으로 당긴다.

③ 양손으로 매트의 윗부분을 꼭 잡는다.

④ 천천히 위로 들어 꺼낸다.

⑤ 매트를 바닥에 내려놓고, 가운데 부분을 두 손으로 마주잡는다(엄지손가락이 몸쪽으로 오도록 한다).

⑥ 몸과 적당한 간격을 두고 매트를 들고 일어나 작업할 장소로 운반한다.

⑦ 작업할 곳에 다른 장애물이 없는지 살핀다.

⑧ 매트 끝이 바깥쪽을 향하도록 바닥에 매트를 놓는다.

⑨ 천천히 들어 올려서 운반한다.

⑩ 매트를 매트꽂이 앞에 내려놓고 윗부분을 잡아 매트꽂이에 밀어 넣는다.

유아의 흥미점

• 손의 위치, 서서 들고 운반함, 몸에서 떨어져서 운반하는 것

실수를 통한 유아의 자기 행동 정정

• 말린 끝부분이 다시 펴짐, 사람이나 물건에 부딪힘, 매트를 떨어뜨리는 것

활동의 변형과 응용

• 크기가 다양한 매트 운반, 비닐 매트, 타올을 운반하는 것

9) 빗자루, 쓰레받기 걸고 떼기

 활동에 필요한 교구

- 청소용품: 빗자루, 먼지털이개, 쓰레받기가 달린 빗자루, 솔 등

 활동의 목적

- 직접목적: 정해진 위치에 청소용품을 걸거나 뗄 수 있다.
- 간접목적: 물건을 이동하기 위해서는 손가락의 움직임이 정교해야 함을 이해한다.
  신체 근육을 조절하며 집중력과 독립심을 기른다.

 대상 연령

2.5~4.5세

 제시 방법

◇ 유아와 청소를 하기 전에 소개한다.

[빗자루 떼기]

① 오른손으로 빗자루를 잡는다.

② 고리를 왼손으로 눌러 잡고 빗자루를 앞으로 기울인다.

③ 빗자루를 뗀다.

④ 양손으로 잡고 운반한다.

[빗자루 걸기]

① 빗자루를 오른손으로 잡는다.

② 왼손으로 고리를 잡는다.

③ 빗자루를 똑바로 세운다.

④ 오른손으로 빗자루를 건다.

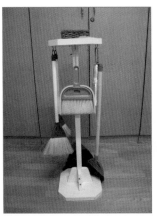  

 유아의 흥미점

- 고리가 있는 용구를 잡는 방법

실수를 통한 유아의 자기 행동 정정

- 소리를 내는 것, 물건이 떨어짐, 고리가 안 걸리는 것

활동의 변형과 응용

- 청소용품에 한하지 않고 교실 내에 있는 물건은 무엇이든지 이용할 수 있다. 쓰레받기가 달린 빗자루, 옷걸이, 착의틀 등이 있다.

10) 매트 말고 펴기

 활동에 필요한 교구

- 유아용 작업매트

※ 전 단계의 연습: 매트 나르기

 활동의 목적

- 직접목적: 매트를 바르게 말고 펼 수 있다.
- 간접목적: 매트를 말고 펴며 대근육 및 소근육과 자기의식 조절에 관심을 가진다(독립심, 집중력, 질서감, 자신감 증진 및 대근육 · 소근육 조절).

 대상 연령

2.5~4.5세

 제시 방법

[펴기] ① 유아에게 활동명을 소개한 뒤 매트를 작업 장소로 옮긴다.

　　　　 "매트를 말고 펴는 방법을 보여 줄게요."

　　　 ② 매트 끝을 양손으로 잡고 마루에 내려놓는다(매트 끝자락의 시작부분이 위로 가도록 한다).

　　　 ③ 매트의 끝자락이 잘 펴지도록 양 손바닥으로 매트를 가볍게 훑어 평평하게 펴 놓는다.

　　　 ④ 매트가 말린 부분의 안으로 네 손가락을 넣고, 엄지를 위로하여 매트

의 끝을 잡는다.

⑤ 손목이 꺾일 때까지 양 손목을 돌리면서 매트를 편다.

⑥ 매트를 다 편 후 매트 아랫끝을 왼손으로 좌측, 오른손으로 우측을 평평하게 편다.

⑦ 잠시 멈추어 매트가 펴진 모습을 살펴본다.

[말기] ① 매트의 위로 올라가 왼손으로 매트의 중간 부분을 짚고, 오른손으로 매트 끝자락의 중간 부분을 잡아 내 쪽으로 뒤집어 몸 앞으로 끌어당 긴다.

② 매트의 중간 부분을 양손으로 잡고 손목의 힘을 사용하여 돌리면서 차근차근 매트를 만다(왼손은 왼쪽의 1/3 지점, 오른손은 오른쪽에서 1/3 지점).

③ 매트를 마는 동안에 말린 부분의 양 옆을 손바닥으로 가볍게 치면서 매트의 양쪽이 고르게 말리고 있는지 확인한다.

④ 조금 남게 되면 오른손은 매트 중앙을 잡고, 왼손으로 매트를 받쳐 들어 편 뒤에 양옆을 잡고 끝까지 만다.

⑤ 말려진 매트의 중앙 부분을 두 손으로 감싸쥔 후 매트를 세우고 잡고 일어나 매트꽂이로 옮긴다.

유아의 흥미점

- 매트의 색깔, 촉감, 매트를 펼 때 자기 몸을 움직이는 것
- 매트를 말면서 양옆을 손으로 톡톡 쳐서 맞추는 것
- 완전히 펴진 매트를 보는 것

실수를 통한 유아의 자기 행동 정정

- 매트 끝이 가지런하지 않게 됨, 말린 매트의 양옆이 울퉁불퉁하게 만져질 때
- 매트꽂이에 넣었을 때 다른 매트들과 높이가 맞지 않는 것을 볼 때

활동의 변형과 응용

- 크기가 다양한 매트 말고 펴기
- 비닐 매트 말고 펴기
- 타올 말고 펴기

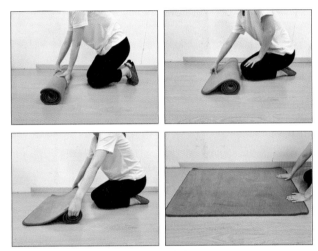

<매트 펴기>

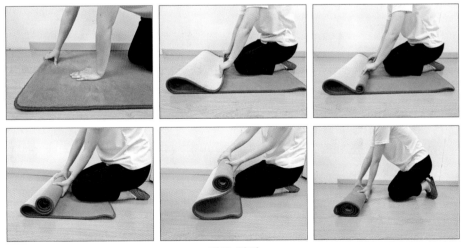

<매트 말기>

11) 매트 손질하기

 활동에 필요한 교구

매트, 솔, 쓰레받기가 달린 빗자루, 쟁반, 쓰레기통, 비닐 매트

 활동의 목적

- 직접목적: 솔을 사용하여 매트를 손질할 수 있다.
- 간접목적: 매트를 손질하며 환경을 배려하는 태도를 기른다(독립심, 집중력, 질서감, 자신감 증진 및 대근육·소근육 조절).

 대상 연령

2.5~4.5세

 제시 방법

① 유아에게 활동명을 소개한다. "매트에 있는 먼지를 터는 방법을 알려 줄게요."
② 매트꽂이에서 매트를 가져와서 바닥에 펼쳐 놓는다. 매트 위의 먼지를 살펴본다.
③ 비닐 매트를 매트 옆에 펴고 도구 쟁반을 가져와서 비닐 매트 위에 놓고 도구를 소개한다.
④ 매트 왼쪽에서 오른쪽으로 솔로 밀면서 먼지를 털어 낸다.
⑤ 매트 끝까지 털어 내고, 턴 먼지를 빗자루로 쓸어 모은다.
⑥ 먼지가 날아가지 않게 빗자루를 누르고 먼지를 쓰레기통에 버린다.

⑦ 매트를 말고 정리한다.

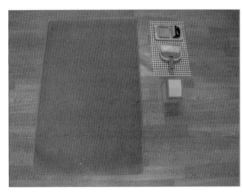 

〈← ← ←방향〉

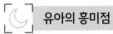
유아의 흥미점

• 뒤로 물러가면서 솔질을 하는 것

실수를 통한 유아의 자기 행동 정정

• 매트에 먼지가 있음, 쓸다 남은 먼지가 있는 것

활동의 변형과 응용

• 현관이나 테라스 정원의 출입구의 먼지를 모은다.

12) 바닥 쓸기

활동에 필요한 교구

도구걸이 긴 빗자루, 쓰레받기가 달린 빗자루, 작은 쟁반에 분필(수성 마커펜),
젖은 스펀지, 쓰레기 대용물, 쓰레기통

활동의 목적

- 직접목적: 손목과 팔목 등의 근육을 조절하여 바닥을 쓸 수 있다.
- 간접목적: 빗자루를 이용하여 순서에 따라 바닥을 쓰는 방법을 안다.
  주변의 환경을 깨끗이 돌보는 태도를 기른다(독립심, 집중력, 질서
  감, 자신감 증진 및 대근육·소근육 조절).

대상 연령

2.5~4.5세

제시 방법

① 유아와 청소 도구장에 가서 활동명을 소개한다.
  "바닥을 쓰는 방법을 보여 줄게요."
② 작은 쟁반[분필(수성 마커펜), 젖은 스펀지, 쓰레기 대용물]을 가져와서 그 안에
  있는 도구를 소개하고 쓰레기 대용물을 교실 바닥에 뿌린다.
③ 분필(수성 마커펜)로 마루 위에 원을 그린다. "이 원 안에 쓰레기를 모아 보
  기로 해요."

④ 긴 빗자루를 가져와서 쓰레기를 원 안에 쓸어 모은다.

⑤ 빗자루를 걸어 놓고, 작은 쓰레받기가 달린 빗자루를 갖고 온다.

⑥ 쓰레받기와 작은 빗자루를 사용하여 쓰레기를 담는다.

⑦ 쓰레기통에 작은 빗자루로 쓰레기를 털어 넣는다.

⑧ 쓰레받기와 작은 빗자루를 도구걸이에 건다.

⑨ 젖은 스펀지로 원을 지운 후, 스펀지를 빨고 손을 씻는다.

유아의 흥미점

- 사방으로 흩어진 내용물들을 가운데로 모으는 것
- 쓰레받기에 빗자루로 쓸어 담는 것

실수를 통한 유아의 자기 행동 정정

- 쓰레기가 가운데 모아지지 않는 것
- 쓰레기가 쓰레받이에 잘 담아지지 않는 것

활동의 변형과 응용

- 낙엽 쓸기, 여러 가지 소재로 다른 장소를 적절히 선택한다.

13) 한 손으로 옮기기

 활동에 필요한 교구

- 내용물(작두콩 등 큰 콩류), 그릇 2개, 교구 쟁반

 활동의 목적

- 직접목적: 한 손으로 물건을 옮길 수 있다.
- 간접목적: 손을 활용해서 사물을 질서 있게 옮기는 과정에 관심을 가진다.
　　　　　집중하여 활동을 마무리함으로써 자신감과 독립심을 기른다.

 대상 연령

2세 이상

 제시 방법

① 유아에게 활동명을 소개한다. "오늘은 손으로 옮기기를 할 거예요."
② 내용물의 이름을 알려 주고, 오른손을 오므렸다가 활짝 펼쳐 보인다.
③ 왼쪽에 있는 내용물을 오른손으로 움켜쥔다.
④ 오른손을 오른쪽에 있는 빈 그릇으로 천천히 가지고 가서 손을 펼치며 내
　　용물을 떨어뜨린다.
⑤ 같은 방법으로 왼쪽의 내용물을 모두 오른쪽으로 옮긴다.
⑥ 모두 잘 옮겼는지 확인한다.
⑦ 원하는 만큼 충분히 작업을 하고 그릇들과 내용물을 제자리에 정리한다.

유아의 흥미점

• 물건이 옮겨짐을 보는 것

실수를 통한 유아의 자기 행동 정정

• 유아의 손 크기와 내용물의 크기가 맞지 않을 때
• 내용물이 너무 많거나 적을 때
• 내용물을 흘리거나 쏟는 것

활동의 변형과 응용

• 한 개의 큰 용기에서 2~3개의 작은 용기에 나누어 옮기기
• 작은 돌이나 모양 파스타, 곡류 등의 재료 응용하기
• 쌀에 다른 곡류 골라내기

14) 마른 것 붓고 옮기기

 활동에 필요한 교구

- 작은 쟁반에 입구와 손잡이가 달린 붓기 쉽고 깨질 가능성이 있는 같은 크기의 용기 2개
- 콩이나 쌀 등의 곡류나 마른 것

※ 전 단계의 연습: 손으로 옮기기, 손으로 분류하기

 활동의 목적

- 직접목적: 마른 것을 옮기고 따를 수 있다.
- 간접목적: 팔과 손목, 손끝 등의 소근육 조절 운동을 통해 집중력과 독립심을 기른다.

 대상 연령

2세 이상

 제시 방법

① 유아에게 활동명을 소개한다. "오늘은 곡식 옮기기를 해 볼 거예요."
② 우측 용기에 가득한 것을 확인한 후에 손잡이를 오른손으로 잡고 조용히 들어 올린 후 잠깐 멈춘다. 왼손으로는 비어 있는 컵을 잡거나, 내용물이 무거울 경우에는 컵의 아래를 받쳐 든다.
③ 왼쪽 용기의 가운데로 향해 기울이면서 천천히 곡식을 붓는다.

④ 유아에게 다 따른 것을 보여 주고 제자리에 용기를 놓는다.

⑤ 같은 방법으로 우측 용기에 옮겨 붓기를 한다.

⑥ 흘린 것이 있나 살펴보고 흘린 것이 있으면 주워 넣는다.

※ 주의: 쌀, 콩 등 곡류를 흘렸을 경우에는 하나씩 주워서 용기에 넣는다.
　　모래의 경우에는 쟁반을 한쪽으로 기울여서 한쪽 구석에 모은 후에 용기에 넣는다.

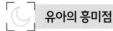

유아의 흥미점

- 용기들의 모양, 내용물을 따를 때 나는 소리, 내용물이 떨어지는 모습, 내용물의 색깔 또는 모양, 한 알도 남기지 않고 따르는 것

실수를 통한 유아의 자기 행동 정정

- 용기를 부딪힘, 중심을 향해 따르지 못해 내용물들이 다른 곳에 떨어짐
- 용기에 내용물이 남아 있는 것을 보는 것

활동의 변형과 응용

- 다양한 재질의 용기들을 사용한다.
- 내용물을 바꿔 준다.
- 한 용기에서 작은 2~3개의 용기에 나누어 따른다.

15) 젖은 것 붓고 옮기기

 활동에 필요한 교구

같은 크기의 피처 2개(하나에는 색물이 들어 있음), 젖은 스펀지, 비닐 매트, 행주, 쟁반, 책상

※ 전 단계의 연습: 마른 것 붓기

 활동의 목적

- 직접목적: 젖은 것을 지정된 위치에 옮겨 부을 수 있다.
- 간접목적: 손과 눈의 협응력을 기르며 자신감과 독립심을 기른다.

  ※ 주의: 매력적이고 틀림의 정정 등의 요소를 갖게 하기 위해서 수시로 물의 색깔을 바꾸어 준다.

  "물을 먹지 않는다"는 약속을 하되 식용 색소를 사용한다.

  물은 용기의 3/4을 넘지 않도록 한다.

 대상 연령

2.5~3세

 제시 방법

① 유아에게 활동명을 소개한다. "오늘은 물 따르기를 해 볼 거예요."
② 책상 위에 비닐 매트를 편다.
③ 교구 쟁반을 가져와서 책상 위에 내려놓는다.
④ 쟁반 안에 있는 용기를 꺼낸다.

⑤ 오른손으로 물이 들어 있는 오른쪽 용기를 잡아 들어 올리고, 왼손으로는 왼쪽 용기를 잡는다.

⑥ 왼쪽 용기에 물을 따른다. 마지막 방울이 떨어질 때까지 기다린다.

⑦ 책상 위에 용기를 내려놓고 용기 밖으로 흘린 물방울을 젖은 스펀지로 닦는다.

⑧ 같은 방법으로 오른쪽 용기에 따른다.

⑨ 흘린 물이 있는지 살펴보고 행주로 닦는다.

⑩ 비닐 매트를 접는다.

⑪ 젖은 행주와 스펀지는 빨래통에 넣고 새 것으로 바꿔 놓는다.

 유아의 흥미점

• 물 따를 때 나는 소리, 물의 색깔, 컵에 물이 흐르는 것을 보는 것

• 마지막 한 방울을 닦아 내는 것

 실수를 통한 유아의 자기 행동 정정

• 색물을 엎질러 주변에 흘린 것을 보는 것

• 물이 남아 있는 것을 보는 것

• 용기끼리 부딪히는 것

활동의 변형과 응용

• 눈금 있는 용기에 붓기, 여러 용기에 나누어 따르기, 다양한 용기에 붓기, 주스 따르기, 우유 따르기

16) 선까지 붓고 옮기기

활동에 필요한 교구

색물이 들어 있는 유리 피처, 2개 또는 3개의 작은 컵, 젖은 스펀지, 비닐 매트, 양동이, 행주, 쟁반, 책상

※ 전 단계의 연습: 마른 것 붓기, 색물 따르기(한 그릇에서 한 그릇으로)

활동의 목적

- 직접목적: 액체를 지시선까지 흘리지 않고 부어 옮길 수 있다.
- 간접목적: 지시 선까지 눈과 손이 협응하여 액체를 옮기는 과정에 관심을 가진다[독립심, 집중력, 질서감, 자신감 증진, 수학(측정)을 위한 준비].

대상 연령

3.5세 이상

제시 방법

① 유아에게 활동명을 소개한다.
② 교구를 소개하고 책상 위에 비닐 매트를 편다.
③ 작은 컵에 붙여 놓은 선(눈금)을 보여 주며 "오늘은 이 선까지만 물을 따를 거예요"라고 말한다. 오른손으로 피처의 손잡이를 잡고 들어 올린다.
④ 컵의 눈금까지 천천히 붓는다. 마지막 방울이 떨어질 때까지 기다린다.
⑤ 책상 위에 피처를 내려놓고 피처 주둥이를 젖은 스펀지로 닦는다.

⑥ 부은 컵은 옆으로 옮겨 놓고 다른 컵에 선만큼 새로이 붓는다.

⑦ 컵에 물을 붓고 선만큼 따랐는지 확인한다.

⑧ 피처에 작은 컵에 있는 색물을 양동이에 하나씩 따른다(능력에 따라 컵의 수, 물의 양을 가감한다).

⑨ 흘린 물이 있는지 살펴보고 행주로 닦는다.

⑩ 사용한 행주와 스펀지는 빨래통에 넣고, 새 행주와 스펀지로 바꿔 놓는다.

유아의 흥미점

- 물 따르는 소리, 최후의 물방울을 기다렸다가 닦는 것
- 눈금 또는 선에 맞추어 붓는 것

실수를 통한 유아의 자기 행동 정정

- 물을 흘림, 용기를 부딪히는 것

활동의 변형과 응용

- 여러 가지 작은 용기에 붓기
- 측량컵으로 재면서 붓기
- 주스 따르기
- 우유 따르기

17) 숟가락으로 옮기기

 활동에 필요한 교구

같은 크기의 그릇 2개, 숟가락, 쟁반, 내용물

 활동의 목적

- 직접목적: 숟가락을 사용하여 물체를 지정된 위치에 옮길 수 있다.
- 간접목적: 숟가락으로 물체를 질서 있게 옮기는 방법을 이해한다(독립심, 집
  중력, 질서감, 자신감 증진 및 손목의 대근육 · 소근육 조절).

 대상 연령

2세 이상

 제시 방법

① 유아에게 활동명을 소개한다. "숟가락 사용하는 방법을 보여 줄 거예요."
② 새로운 교구의 이름을 소개한다.
③ 숟가락의 손잡이를 바르게 잡고 숟가락의 오목한 부분에 내용물이 담기도
   록 푸는 모양을 시범을 보인다.
④ 숟가락을 왼쪽 내용물이 담겨 있는 그릇에 넣어 내용물을 푼 후에 오른쪽
   의 빈 그릇에 천천히 옮겨 담는다.
⑤ 왼쪽의 그릇에서 오른쪽의 그릇으로 모두 옮겨 담는다.
⑥ 다 옮겨 담았으면 숟가락을 제자리에 놓고 관찰한다.

⑦ 다시 오른쪽에 있는 내용물을 숟가락을 이용해서 왼쪽의 그릇으로 옮겨 담는다(반복).

⑧ 원하는 만큼 작업을 했으면 그릇과 숟가락을 원래대로 쟁반에 담는다.

⑨ 쟁반 위의 그릇과 숟가락이 바르게 놓였는지, 주변에 떨어진 내용물이 있는지 확인한다.

유아의 흥미점

- 숟가락을 사용해서 내용물을 뜨고 옮기는 것
- 내용물들의 모양, 그릇들의 모양, 색깔을 보는 것
- 마지막 한 알까지 떠서 옮기는 것

실수를 통한 유아의 자기 행동 정정

- 숟가락 사용을 잘못해서 옮기다가 내용물을 떨어뜨리는 것

활동의 변형과 응용

- 도구를 바꾸어서 한다(아주 작은 도구 또는 큰 국자 사용 등).
- 여러 그릇에 나누어 옮기기

18) 스포이트로 옮기기

 활동에 필요한 교구

쟁반, 약간 깊이가 있는 같은 모양의 용기 2개, 스포이트, 스펀지, 색물, 행주

 활동의 목적

- 직접목적: 스포이트를 사용하여 액체를 지정된 위치에 옮길 수 있다.
- 간접목적: 세 손가락으로 스포이트를 사용함으로써 과학적 현상을 간접 경험한다(독립심, 대근육·소근육 조절 능력, 세 손가락 사용을 통한 글쓰기 능력 증진).

 대상 연령

3세 이상

 제시 방법

① 유아에게 활동명을 소개한다. "스포이트를 사용하여 옮기기를 해 볼게요."
② 왼손으로 스포이트의 중앙을 들고 오른손 세 손가락으로 스포이트의 고무 꼭지를 잡고 꼭 누른다(스포이트 사용법).
③ 스포이트를 누른 상태에서 수직으로 색물이 들어 있는 용기에 넣는다.
④ 누른 고무꼭지를 천천히 떼어 색물이 다 올라오면 멈춘다.
⑤ 스포이트를 들어 올려 물방울이 떨어지지 않도록 옆 용기로 옮긴다.
⑥ 남은 물을 다 옮기고 스포이트에 남아 있는 물방울을 스펀지로 닦는다.

⑦ 책상에 떨어진 물을 행주로 닦는다.

⑧ 사용한 스펀지와 행주를 새 것으로 교체하고 교구를 정리한다.

🌙 유아의 흥미점

• 스포이트를 누르면 물이 스포이트 관을 타고 내려가고, 스포이트를 놓으면 관을 타고 물이 올라오는 모습을 보는 것

• 물을 끝까지 모두 빨아올려서 물이 남아 있지 않은 모습을 보는 것

• 마지막 물을 빨아 들일 때 소리가 나는 것

🖼 실수를 통한 유아의 자기 행동 정정

• 물을 떨어뜨렸을 때

• 물이 남아 있는 것을 볼 때

• 스포이트를 잘못 눌러 물을 빨아올리지 못하는 것을 볼 때

🔋 활동의 변형과 응용

• 크기, 모양이 다른 스포이트로 바꿔 주기

• 딱풀 통 또는 비누 빨판의 홈에 작은 스포이트 기구를 이용해서 물 옮기기

19) 집게와 핀셋으로 옮기기

활동에 필요한 교구

크기가 같은 그릇 2개, 쟁반, 내용물, 집게 또는 핀셋

활동의 목적

- 직접목적: 집게와 핀셋으로 사물을 옮기고 분류할 수 있다.
- 간접목적: 자신이 선택한 활동을 책임감 있게 마무리함으로써 자신감과 독립심을 기른다(집중력, 질서감 증진, 대근육·소근육 조절, 글쓰는 방향을 간접 연습).

대상 연령

2.5세 이상

제시 방법

① 유아에게 활동명을 소개하고 교구 쟁반을 책상으로 가져온다.
  "집게(핀셋)를 사용하는 방법을 보여 줄 거예요."
② 왼손으로 집게를 들고 오른손 엄지, 검지, 중지로 집게를 잡는 방법을 보여 준다.
③ 집게로 내용물을 집어 빈 그릇에 천천히 옮긴다.
④ 내용물이 다 옮겨지면 다시 옮긴다(반복).
⑤ 교구를 정리하여 제자리에 가져다 놓는다.

유아의 흥미점

- 그릇, 집게, 핀셋의 모양, 여러 가지 내용물을 보는 것
- 내용물을 옮길 때 소리 나는 것
- 핀셋의 움직임을 보는 것
- 내용물을 도구에 의해 옮기는 것

 실수를 통한 유아의 자기 행동 정정

- 내용물이 그릇 밖으로 떨어질 때
- 도구를 잘 사용하지 못하여 내용물을 제대로 옮기지 못할 때

활동의 변형과 응용

- 내용물을 바꾼다.
- 한 그릇에서 두 개, 또는 그 이상으로 나누어 옮긴다.
- 여러 가지 종류의 집게, 핀셋으로 옮긴다.

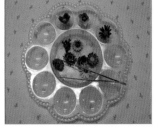

20) 깔때기로 옮기기

활동에 필요한 교구

입구가 좁은 병, 물이 들어 있는 피처, 젖은 스펀지, 행주, 깔때기, 쟁반

활동의 목적

- 직접목적: 깔때기를 이용하여 액체를 옮겨 부을 수 있다.
- 간접목적: 물질을 옮기기 위해 깔때기가 유용하게 사용됨을 이해한다.

   일상생활 적응에 필요한 질서감과 책임감 및 독립심을 기른다(집 중력, 질서감, 자신감과 대근육 · 소근육 조절 능력 증진).

대상 연령

3세 이상

제시 방법

① 유아에게 활동명을 소개한다. "깔때기를 사용하여 옮기기를 해 볼게요."
② 깔때기를 집어 입구가 좁은 병에 꽂는다.
③ 오른손으로 물이 담긴 피처를 들어 올린다.
④ 왼손으로 깔때기를 살짝 잡고 피처의 물을 붓는다.
⑤ 좁은 병에 부은 물을 다시 피처에 옮겨 붓는다.
⑥ 흘린 물이 있는지 살펴보고 흘렸으면 행주로 닦는다.
⑦ 깔때기를 병 입구에서 빼어 스펀지에 물기를 닦고 쟁반에 정리한다.

⑧ 정리하여 교구를 제자리에 가져다 놓는다.

유아의 흥미점

- 피처, 용기의 모양, 깔때기의 모양 또는 생김새를 보는 것
- 깔때기로 통과하는 것을 보는 것
- 깔때기에 내용물을 붓는 것
- 물이 깔때기 사이로 흐를 때 소리가 나는 것

실수를 통한 유아의 자기 행동 정정

- 확 쏟아 부어 깔때기 위로 내용물이 넘쳐 흐르는 것
- 깔때기를 제대로 병 위에 올려놓지 않아서 붓는 도중에 깔때기가 떨어지거

나 이로 인해 물을 흘리게 되는 것

• 모두 옮겨 붓기를 했는데 피처에 물이 남아 있는 것을 보는 것

활동의 변형과 응용

• 깔때기를 이용해서 물을 나눠 옮겨 붓기

• 아주 작은 화장품 깔때기를 이용해서 물을 옮겨 붓기

21) 젓가락으로 옮기기

 활동에 필요한 교구

같은 크기의 그릇 2개, 쟁반, 젓가락, 젓가락 받침, 내용물

활동의 목적

- 직접목적: 엄지와 검지 손가락의 근육을 조절하여 도구를 바르게 사용할 수 있다.
- 간접목적: 일상생활 적응에 필요한 질서감과 책임감 및 독립심을 기른다(집중력, 자신감 증진과 대근육·소근육 조절 및 글쓰기의 간접적 준비).

 대상 연령

3세 이상

 제시 방법

① 유아에게 활동명을 소개한다.

"오늘은 젓가락을 사용하여 옮기기를 해 볼게요."

② 왼손으로 젓가락의 뾰족한 부분을 잡고, 오른손의 세 손가락으로 손잡이 부분을 잡는다(엄지와 검지 사이에 넣고 젓가락질하는 시범을 보인다).

③ 왼쪽에 있는 내용물을 젓가락으로 집어 오른쪽으로 하나씩 옮긴다.

④ 모두 잘 옮겼는지 확인한다.

⑤ 원하는 만큼 작업을 하고 정리한다.

<같은 내용물 나누어 담기>

<색깔별로 분류하여 담기>

유아의 흥미점

- 내용물을 집을 때의 느낌
- 젓가락을 사용해서 옮기는 것

실수를 통한 유아의 자기 행동 정정

- 젓가락을 잡는 방법이 틀려서 잘 잡아지지 않는 것
- 젓가락을 잘 사용하지 못해서 내용물이 떨어지는 것
- 젓가락을 꽉 쥐지 않아서 내용물이 떨어지는 것

활동의 변형과 응용

- 젓가락을 사용하여 분류하기
- 실제로 젓가락을 사용하여 점심 먹기

22) 손수건 접기

 활동에 필요한 교구

빨간 선이 1개, 2개, 4개, 6개 들어 있는 수건 2조(교사용, 유아용)가 들어 있는
상자, 매트

 활동의 목적

- 직접목적: 손수건을 순서와 용도에 알맞게 접을 수 있다.
- 간접목적: 손수건의 용도와 접는 순서를 안다.
  예의 바른 식탁 예절에 관심을 가진다(독립심, 집중력, 질서감, 자신
  감 증진, 사회생활 훈련).

 대상 연령

2.5~4.5세

 제시 방법

[접기] ① 유아에게 활동명을 소개하고 손을 씻는다.

② 매트를 바닥에 펴고 손수건 상자를 매트로 운반한다. 뚜껑을 열고
뚜껑은 상자 밑에 놓는다.

③ 맨 위에 있는 수건(선이 1개 있음)을 두 손으로 양쪽 모서리를 잡고
꺼내 매트에 놓고 가운데 빨간 선에 따라 아래에서 위로 접는다. 접
힌 모양대로 매트 위쪽에 놓는다.

④ 선이 2개 그려진 손수건을 꺼내어 ③과 같이 접은 다음, 수건의 양
옆을 잡고 세로로 돌려놓고(왼쪽으로 90도) 선에 따라 아래에서 위로
접는다. 위의 접어놓은 수건 밑에 놓는다.

⑤ 선이 4개, 6개 들어 있는 손수건도 같은 방법으로 접는다.

⑥ 접은 손수건들을 본다.

[펴기] ① 맨 밑에 있는 작은 수건(1/16로 접은 수건)부터 두 손으로 양쪽 모서
리를 잡고 위에서 아랫방향으로 수건을 편다(접는 순서와 반대 방향).

② 다 편 수건을 상자에 넣는다(선이 6개 → 4개 → 2개 → 1개 순서로 들어
있는).

<사각 접기>　　　　<삼각 접기>

 유아의 흥미점

• 선에 따라서 접고, 폈을 때 선을 보는 것

 실수를 통한 유아의 자기 행동 정정

• 접는 선, 접어 올리는 형태, 천 끝에 표시하는 것

활동의 변형과 응용

• 삼각 접기, 마른 세탁물, 옷가지류, 휴지, 종이, 타올 등 여러 가지 물건을
접는다.

손수건 접기

<사각 접기>

1.

| 1 | 2 | 3 | 4 | 5 |

2.

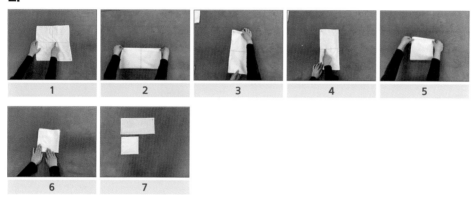

| 1 | 2 | 3 | 4 | 5 |
| 6 | 7 |

3.

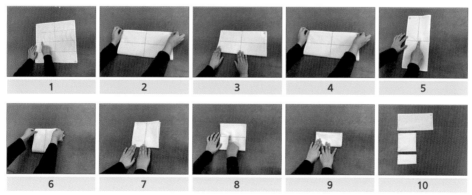

| 1 | 2 | 3 | 4 | 5 |
| 6 | 7 | 8 | 9 | 10 |

<삼각 접기>

1.

2.

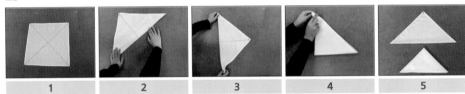

3.

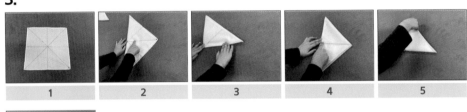

23) 다리미 사용하기

활동에 필요한 교구

다리미, 다리미 받침, 다리미질할 작은 천, 물뿌리개, 모래시계, 바구니 2개(다리미질할 물건을 넣을 바구니와 다린 물건을 넣을 빈 바구니)

※ 주의: 다리미는 콘센트에서 뺀 후 제공하고, 코드는 선생님만 만진다. 다리미 밑부분은 만지지 않는다. 다리미 사용은 선생님하고 같이한다.

※ 전 단계의 연습: 손수건 접기

활동의 목적

• 직접목적: 다리미를 일련의 순서와 방법에 따라 사용할 수 있다.
• 간접목적: 다리미를 안전하게 다루는 방법을 알고 바르게 활용하는 태도를 기른다(독립심, 집중력, 질서감, 자신감, 청결감, 의식적인 대근육 · 소근육 조절 능력 증진).

대상 연령

3.5~4.5세

제시 방법

① 유아에게 활동명을 소개하고 교구를 책상으로 가져온다.
② 교구를 소개한 후 다리미를 코드에 꽂고 스위치를 켠다.
③ 모래시계를 돌려 놓는다.

④ 작은 천을 다리미 받침대 위에 펴고 물뿌리개로 물을 뿌린다.

⑤ 모래시계가 다 내려오면 다리미 코드를 뺀다.

⑥ 천천히 다림질을 한다. 누르고 있는 손의 3cm 정도 전에서 일단 멈춘다.

⑦ 다림질한 작은 천을 접는다(손수건 접기 순서대로).

⑧ 다림질한 작은 천은 빈 바구니에 넣고 정리한다.

 유아의 흥미점

- 접는 선, 주름이 펴짐, 열이 가해진 물건에 남아 있는 것
- 분무기로 물을 뿌리는 것

 실수를 통한 유아의 자기 행동 정정

- 화상, 구김이 남아 있는 것

활동의 변형과 응용

- 손수건, 닦는 활동이나 세탁 활동에 사용되는 작은 천

24) 스펀지 짜기

 활동에 필요한 교구

두 손으로 잡을 수 있을 만한 크기의 스펀지, 스펀지가 들어갈 만한 볼 2개, 피처, 손 닦는 수건, 행주, 양동이, 비닐 앞치마, 작은 스펀지, 비닐 매트

 활동의 목적

- 직접목적: 스펀지를 활용하여 물을 옮겨 짤 수 있다.
- 간접목적: 손의 근육을 활용해서 스펀지를 바르게 짜는 방법을 안다(집중력, 청결감 증진, 환경에의 배려, 스펀지가 필요한 다른 활동에의 준비).

 대상 연령

2.5~4.5세

제시 방법

① 유아에게 활동명을 소개한다.

　"스펀지를 이용해서 물을 옮겨 볼 거예요."

② 앞치마를 입고 소매를 걷는다(물 작업을 할 때는 소매를 걷는다고 알려 준다).

③ 책상 위에 비닐 매트를 펴고 교구를 책상으로 가져온다.

④ 피처에 물을 떠와 오른쪽 볼에 물을 붓는다. 스펀지로 피처에 흐른 물방울을 닦는다.

⑤ 마른 스펀지를 만져 보고 (관찰) 물이 들어 있는 볼에 담근다.

⑥ 스펀지가 물을 흡수하는 것을 주의 깊게 보고 두 손으로 스펀지를 잡는다.

⑦ 물이 떨어지는 것을 보고 기다렸다가 옆의 빈 볼로 이동하여 스펀지의 물을 짜낸다.

⑧ 물이 빈 볼에 옮기는 것을 반복한 후, 볼의 물을 양동이에 버린다.

⑨ 행주로 볼, 피처, 양동이 안팎의 물기를 닦고, 비닐 매트도 닦아 접는다.

⑩ 새 스펀지와 행주를 갖고 와서 세팅하고 용구를 제자리에 가져다 놓는다.

⑪ 앞치마를 벗어 접어 놓는다. 소매를 내린다.

유아의 흥미점

- 스펀지가 물을 흡수하는 것을 보는 것, 물이 스며들어 스펀지가 무거워진 것을 느끼는 것
- 스펀지를 짤 때 스펀지에서 물이 많이 나오는 것, 소매를 걷는 것

실수를 통한 유아의 자기 행동 정정

- 작업이 끝났을 때 물방울이 마루나 책상에 떨어지는 것, 스펀지가 비틀어지는 것
- 첫 번째 용기에 물이 남아 있는 것

활동의 변형과 응용

- 스펀지를 사용하는 다른 활동, 책상 닦기 등

25) 타월 짜기

활동에 필요한 교구

비닐 매트, 대야, 피처, 스펀지, 어린이용 타월(물수건), 물수건 받침, 손 닦는 수건, 행주, 앞치마, 양동이

활동의 목적

- 직접목적: 물에 젖는 타월을 질서 있게 짤 수 있다.
- 간접목적: 손의 근육을 활용해서 타월을 짜는 방법을 안다(독립심, 집중력, 질서감 증진, 타인 배려, 의식적인 대근육·소근육 조절 능력 증진).

대상 연령

2.5~4.5세

제시 방법

① 유아에게 활동명을 소개한다. "타올 짜는 것을 해 볼 거예요."
② 앞치마를 입고 소매를 걷는다.
③ 책상 위에 비닐 매트를 펴고, 필요한 교구를 가져와서 책상에 세팅한다.
④ 피처에 물을 떠 와 대야에 붓고 타월을 펴서 물에 넣는다.
⑤ 두 손으로 타월 양쪽 끝을 잡아 들고 돌돌 만다.
⑥ 타월을 세로로 세우고 양손으로 비틀듯이 짠다.
⑦ 말아진 타월은 펴서 한 번 접고 물수건 받침에 놓는다.

⑧ 더러워진 물을 양동이에 버린다.

⑨ 행주로 피처, 대야, 양동이의 안팎과 비닐 매트를 닦고 접는다.

⑩ 행주를 새 것으로 바꿔 놓는다.

⑪ 앞치마를 벗고 교구를 정리한다. 소매를 내린다.

<타월 짜기 셋팅>

유아의 흥미점

• 비틀듯이 짜기, 소매 걷기

실수를 통한 유아의 자기 행동 정정

• 물방울이 튀는 것, 천에서 물이 떨어지는 것

활동의 변형과 응용

• 차 서비스, 식사, 간식 전에 손을 닦기 위해서 사용한다.

26) 스펀지로 책상 닦기

 활동에 필요한 교구

책상 2개(더러운 책상, 용구를 놓을 책상), 비닐 매트, 대야, 피처, 스펀지, 행주,
손타월, 양동이, 앞치마

※ 전 단계의 연습: 스펀지 짜기

 활동의 목적

• 직접목적: 스펀지를 사용하여 책상을 일련의 순서에 따라 닦을 수 있다.
• 간접목적: 도구를 활용해서 책상을 닦아보며 청결한 환경에 관심을 갖는다
        (집중력, 질서감, 자신감, 청결감, 의식적인 근육 조절 능력 증진).

 대상 연령

3.5~4.5세

제시 방법

① 유아에게 활동명을 소개한 후 앞치마를 한다. 소매를 걷는다.
② 더러운 책상을 보고 운반한다.
③ 활동에 필요한 교구 쟁반을 가져와서 다른 책상에 준비한다.
④ 피처에 물을 담아 온다.
⑤ 대야에 천천히 물을 붓는다.
⑥ 스펀지를 물에 넣고 짠다.

⑦ 스펀지로 더러운 책상을 왼쪽에서 오른쪽으로 닦는다. 책상 모서리도 닦는다.

⑧ 행주로 원을 그리듯이 해서 물기를 닦는다.

⑨ 더러워진 물을 버리고 새 물에 스펀지와 행주를 빤다.

⑩ 대야의 물을 버린다. 마른 천으로 사용한 용구(피처, 대야)를 닦는다.

⑪ 새 스펀지와 행주를 준비하고, 용구를 쟁반에 넣는다.

⑫ 앞치마를 벗고 교구를 정리한다. 소매를 내린다.

유아의 흥미점

• 왼쪽에서 오른쪽으로 닦음, 작은 타월은 둥글게 돌려 가면서 닦음, 스펀지가 더러워지는 것

실수를 통한 유아의 자기 행동 정정

• 물방울이 튐, 물을 흘리거나 엎지름, 비누칠이 책상에 남아 있는 것

활동의 변형과 응용

• 문, 의자, 책꽂이, 칠판 등을 스펀지로 닦는다.

• 마루, 현관 등을 자루 달린 걸레로 닦는다.

27) 솔을 사용하여 책상 닦기

 활동에 필요한 교구

어린이용 앞치마, 비닐 매트, 대야, 양동이, 피처, 스펀지(큰 것, 작은 것) 솔, 비누(접시 3개), 행주, 책상 2개(닦을 책상, 용구를 놓을 책상)

※ 전 단계의 연습: 책상 닦기(스펀지 사용)

 활동의 목적

- 직접목적: 솔을 사용하여 책상을 일련의 순서에 따라 닦을 수 있다.
- 간접목적: 솔을 사용하여 책상을 닦는 방법과 일련의 순서를 안다(집중력, 질서감, 자신감, 청결감, 의식적인 근육 조절 능력 증진).

 대상 연령

2.5~4.5세

 제시 방법

① 유아에게 활동명을 소개하고, 앞치마를 입는다.

② 더러워진 책상을 가져온다.

③ 용구를 다른 책상에 세팅한다.

④ 피처에 물을 담아 와서 대야에 천천히 붓는다.

⑤ 솔을 물에 담갔다가 꺼내어 비누칠을 해서 책상 위를 둥글게 천천히 닦는다.

⑥ 스펀지를 물에 적셔 책상의 비누거품을 닦는다.

⑦ 마른 행주로 물기를 닦는다.

⑧ 대야의 물때를 제거하고 양동이의 물을 버린다.

⑨ 새 물을 대야에 붓는다.

⑩ 솔과 스펀지를 빤다.

⑪ 물때 제거 후, 양동이의 물을 버린다.

⑫ 스펀지로 접시, 피처, 대야를 닦는다.

⑬ 마른 행주로 대야의 물기를 닦는다.

⑭ 양동이의 물을 버리고 양동이를 닦는다.

⑮ 행주를 새 것으로 바꾸어 놓고 용구를 정리한다.

⑯ 앞치마를 벗는다.

<비누칠하기>

<솔로 닦기>

 유아의 흥미점

• 스펀지, 솔 사용법, 소매를 걷어올림, 솔에서 물을 빼는 법

<스펀지로 닦기>

 실수를 통한 유아의 자기 행동 정정

• 물방울이 튀는 것, 물을 흘리거나 엎지르는 것, 비누칠이 책상에 남아 있는 것

 활동의 변형과 응용

• 의자, 책꽂이, 마루, 선반, 거울, 유리창 등을 닦기도 하고 씻기도 한다.

<행주로 닦기>

28) 빨래하기

활동에 필요한 교구

비닐 앞치마, 세탁할 물건, 빨래 통, 피처, 양동이, 행주, 세탁할 물건을 담을
빨래 바구니, 고체비누, 빨래집게와 바구니, 건조대, 작은 책상, 스펀지(큰 것,
작은 것), 새 타월

※ 전 단계의 연습: 타올 짜기

활동의 목적

• 직접목적: 손과 팔의 근육과 힘을 활용해서 빨래를 할 수 있다.
• 간접목적: 빨래를 빠는 방법과 일련의 순서를 알고 환경에 적응할 수 있다
　　　　　　(정확성, 질서감, 청결감 증진, 환경에의 배려, 의식적인 근육 조절능력
　　　　　　증진).

대상 연령

3.5세 이상

제시 방법

① 유아에게 활동명을 소개한다.
　"작은 천으로 빨래하는 방법을 보여 줄게요."
② 소매를 걷어 올리고 앞치마를 한다.
③ 용구를 운반하고 소개한 후 세팅한다.

④ 피처에 미지근한 물을 담아 와서 빨래 통에 붓는다.

⑤ 세탁할 물건을 담가 적신다.

⑥ 빨랫감의 더러워진 부분에 비누칠을 하고 두 손으로 비벼 빤다.

⑦ 물에 빨래를 넣고 헹구어 짠 다음 빨래를 빨래 바구니에 담는다.

⑧ 빨래 바구니와 빨래집게가 담긴 바구니를 들고 건조대로 간다.

⑨ 빨래를 두 손으로 펴서 건조대에 널고, 빨래집게로 빨래를 집는다.

⑩ 남은 물로 행주, 빨래 통의 때를 닦고 버린다.

⑪ 빨래 통을 스펀지, 행주로 닦는다.

⑫ 사용한 물건을 하나씩 스펀지와 타올로 닦고, 세탁한 장소도 닦는다.

⑬ 새 타월로 바꾸어 놓는다.

⑭ 용구들을 제자리에 정리한다.

⑮ 앞치마를 벗고 소매를 내린다.

🌙 유아의 흥미점

• 비누를 사용하여 빨랫감에 비누 거품을 내는 것

- 더러웠던 빨랫감이 깨끗해지는 것을 보는 것
- 빨래를 비비는 것, 빨래를 빤 물이 더러워지는 것을 보는 것
- 빨래 건조대에 널고 집게로 집는 것

실수를 통한 유아의 자기 행동 정정

- 빨래 후 더러운 때가 남아 있는 것을 보는 것

활동의 변형과 응용

- 손수건, 양말 등 여러 가지 종류의 빨래를 한다.
- 다른 방법으로 빤다(빨래판 사용).
- 헹구고 난 후 비누기가 남아 있는 것을 느끼는 것

29) 거울 닦기

활동에 필요한 교구

앞치마, 비닐 매트, 거울 닦는 약, 빈 용기, 솜 3개, 광 내는 천, 면봉, 브러시, 닦을 거울, 쟁반

활동의 목적

- 직접목적: 세척제를 사용하여 오염된 거울을 닦을 수 있다.
- 간접목적: 거울을 닦는 방법을 알고 환경에 적응할 수 있다(집중력, 청결감, 손가락의 세련되고 정확한 움직임 조절 능력 증진).

대상 연령

3~4.5세

제시 방법

① 유아에게 활동명을 소개한다. "거울 닦기를 해 볼 거예요."
② 비닐 매트를 책상에 펴고 교구 쟁반을 가져와서 하나씩 꺼낸다.
③ 약을 흔들어서 섞은 다음 빈 용기에 소량을 따르고, 약통 뚜껑을 닫는다.
④ 면봉으로 거울에 약을 칠하고, 약이 마를 동안에 면봉에 솜을 감는다.
⑤ 거울을 마른 약을 사용한 솜으로 닦아 낸다.
⑥ 구석이나 가장자리를 브러시로 닦는다.
⑦ 광 내는 천으로 거울을 닦는다.

⑧ 깨끗해진 거울을 유아와 같이 본다.

⑨ 사용한 솜으로 용기에 남아 있는 약을 닦는다.

⑩ 솜과 면봉을 종이에 싸서 버린다.

⑪ 앞치마를 벗어 정리한다.

유아의 흥미점

- 마른 약이 하얗게 됨, 지저분한 거울이 깨끗하게 닦인 것을 보는 것
- 면봉의 사용, 면봉에 묻은 먼지를 보는 것
- 거울에 비친 모습을 보는 것, 거울을 닦을 때 나는 소리

실수를 통한 유아의 자기 행동 정정

- 약이 남아 있는 것, 골고루 닦지 않아 거울이 깨끗하지 않은 것

활동의 변형과 응용

- 여러 종류의 거울 닦기
- 유리창 닦기
- 액자, 시계 유리 닦기

30) 금속 광내기

활동에 필요한 교구

비닐 매트, 금속 닦는 약, 작은 접시 2개, 면봉, 솜 3개, 광내는 천, 닦을 금속 그릇, 브러시, 앞치마

활동의 목적

- 직접목적: 광택제를 사용하여 금속을 닦을 수 있다.
- 간접목적: 오염된 금속을 닦아 광을 내는 방법을 인식한다(독립심, 집중력, 청결감, 소근육의 세련되고 정확한 조절 능력 증진).

대상 연령

3세 이상

제시 방법

① 유아에게 활동명을 소개한다. "금속 닦기를 해 볼 거예요."
② 비닐 매트를 책상 위에 펴고 교구 쟁반을 가져와서 하나씩 꺼낸다.
③ 금속 닦는 약을 흔들어 섞고 작은 접시에 몇 방울 떨어뜨린다.
④ 면봉으로 약을 묻혀 금속 그릇에 바르고 약이 마를 동안에 면봉에 솜을 감는다.
⑤ 더러워진 솜을 빈 접시에 버린다.
⑥ 구석이나 오목한 부분은 브러시로 닦아 낸다.

⑦ 마지막 끝처리는 광내는 천으로 한다.

⑧ 사용한 솜으로 비닐 매트와 약 접시를 닦는다.

⑨ 새 면봉을 준비한다.

⑩ 교구를 정리한다.

⑪ 손을 씻는다.

🌙 유아의 흥미점

- 닦은 물건의 광, 닦는 약이 하얗게 마르는 것
- 헝겊으로 문지르면 반짝거리는 것을 보는 것
- 면봉으로 마른 약을 찍어 바르는 것

실수를 통한 유아의 자기 행동 정정

- 닦다 남은 부분, 광내는 천에 약이 묻음(광이 나지 않는 금속), 책상이나 마루에 약이 튀는 것

활동의 변형과 응용

- 여러 가지 금속(예를 들면, 문의 손잡이, 수도꼭지)을 닦는다.

31) 빵 가루내기

 활동에 필요한 교구

마른 빵 조각이 들어 있는 용기, 가루를 넣을 빈 용기, 가는 용구(절구, 방망이), 솔, 젖은 스펀지, 차 숟가락

활동의 목적

- 직접목적: 절구를 활용하여 빵을 갈 수 있다.
- 간접목적: 절구로 빵을 가루 내는 정확한 방법과 활동의 순서를 안다(집중력, 질서감, 자신감, 손목 운동 능력 증진).

 대상 연령

2~4.5세

 제시 방법

① 유아에게 활동명을 소개한다. "빵가루 내기를 보여 줄게요."
② 필요한 교구를 가져와서 소개한다.
③ 마른 빵이 들어 있는 용기 뚜껑을 열고 빵 조각을 꺼내어 절구에 넣는다.
④ 방망이를 감싸듯이 쥐고 손목에 힘을 주어 빵 조각을 눌러 빻는다.
⑤ 한쪽 방향으로 돌리며 잘게 부순다.
⑥ 빵이 다 갈아지면 차 숟가락으로 빈 용기에 옮겨 담는다.
⑦ 절구 바닥에 남은 가루를 솔을 이용하여 모두 옮긴다.

⑧ 쟁반과 책상을 젖은 스펀지로 닦고 교구를 정리한다.

※ 빵가루는 통에 담아 두었다가 빵 부스러기 쓸기 활동에 사용하고, 깨를 간 것은 비닐봉지에
   넣어 가정으로 가져가서 요리 활동에 사용하도록 한다.

유아의 흥미점

• 빵 조각이 가루가 되는 것, 빵이 갈아지는 소리, 브러시를 사용하는 것

실수를 통한 유아의 자기 행동 정정

• 남아 있는 빵 부스러기

활동의 변형과 응용

• 달걀 껍데기(하얀 막 없앤 것) 갈기, 깨 갈기, 커피 갈기

32) 빵 부스러기 쓸고 모으기

활동에 필요한 교구

비닐 매트, 작은 쓰레받기, 브러시, 젖은 스펀지, 빵가루가 들어 있는 용기

활동의 목적

- 직접목적: 도구를 활용해서 빵 부스러기를 쓸어 모을 수 있다.
- 간접목적: 빗자루를 활용해서 빵 부스러기를 쓸어 모으는 방법을 안다(집중력, 질서감 증진, 청결감, 의식적인 근육 조절 능력 증진).

대상 연령

2.5~4.5세

제시 방법

① 유아에게 활동명을 소개한다. "빵 부스러기를 쓸어 모아 볼 거예요."
② 필요한 교구를 가져온다.
③ 비닐 매트를 책상 위에 편다.
④ 매트에 빵가루를 뿌리고, 작은 빗자루로 천천히 쓸어 모은다.
⑤ 왼손에 쓰레받기를 들고 책상 모서리쪽으로 모아 쓰레받기에 담는다.
⑥ 젖은 스펀지로 쟁반과 쓰레받기 안팎을 닦는다.
⑦ 교구를 정리한다.

유아의 흥미점

- 브러시 드는 법, 빵 부스러기가 쓰레받기 속으로 들어가는 것, 브러시의 소리, 손 사용법

실수를 통한 유아의 자기 행동 정정

- 남아 있는 빵 부스러기

활동의 변형과 응용

- 여러 가지 브러시, 양복 브러시, 구두 브러시, 부엌, 화장실 등의 브러시에 친근감을 갖게 한다.

33) 차 만들어 대접하기

 활동에 필요한 교구

미숫가루, 우유 200ml 1병, 설탕, 찻잔과 받침 2개, 티스푼 2개, 젓는 막대, 행주, 찻잔 씻을 볼, 앞치마, 대접 쟁반

활동의 목적

- 직접목적: 미숫가루로 차를 만들어 친구에게 대접할 수 있다.
- 간접목적: 미숫가루 차를 만드는 방법과 일련의 순서를 안다(집중력, 질서감, 자신감, 청결감, 사회성, 미각 능력 증진).

 대상 연령

3~4.5세

제시 방법

① 유아에게 활동명을 소개한다. "미숫가루 타기를 해 볼 거예요."
② 손을 씻고 앞치마를 한다.
③ 쟁반 덮개를 접고 교구를 소개한다.
④ 2개의 찻잔에 미숫가루 2스푼과 설탕 2스푼씩을 넣는다.
⑤ 우유 뚜껑을 열고 우유를 반씩 나누어 붓는다.
⑥ 젓는 막대로 미숫가루가 풀어질 때까지 젓는다.
⑦ 대접 쟁반에 찻잔과 받침, 티스푼을 담아 대접하고 싶은 친구에게 가서 대

접한다.

"친구야, 내가 만든 미숫가루차야. 먹어 볼래?"

⑧ 자리에 돌아와서 미숫가루차를 마신다.

⑨ 다 마신 후, 친구에게 가서 친구에게 대접한 찻잔과 받침을 찾아 온다.

⑩ 볼에 찻잔과 받침, 티스푼을 담아 세면대에 가지고 가서 설거지를 한다.

⑪ 행주로 그릇의 물기를 닦고 제자리에 정리한다.

⑫ 앞치마를 벗어 정리하고 쟁반 덮개를 덮는다.

※ 한 잔은 친구나 대접하고 싶은 사람에게 대접하고, 한 잔은 본인이 마신다.

 유아의 흥미점

- 미숫가루가 풀어지는 것을 보는 것, 막대로 젓는 것

 실수를 통한 유아의 자기 행동 정정

- 미숫가루가 풀어지지 않는 것, 우유를 흘리는 것

활동의 변형과 응용

- 코코아, 홍차, 인삼차 등을 넣는다.

<미숫가루 타기>

<차 대접하기>

34) 버터, 잼 바르기

활동에 필요한 교구

크래커(빵), 잼(버터), 나이프, 나이프 받침대, 크래커 담을 접시, 냅킨, 젖은 스펀지, 행주, 대접용 쟁반, 쟁반 덮개, 유아용 앞치마와 요리사 모자

활동의 목적

- 직접목적: 크래커(빵)에 잼(버터)을 적절히 바를 수 있다.
- 간접목적: 잼을 적절히 발라 봄으로써 일상생활에 적응력을 기른다(집중력, 질서감, 자신감, 청결감, 일상생활 준비 능력 증진).

대상 연령

2.5세 이상

제시 방법

① 유아에게 활동명을 소개한다. "잼 바르는 법을 보여 줄게요." 손을 씻고 앞치마를 한다.
② 쟁반 덮개를 걷어 바르게 접고 교구를 소개한다.
③ 크래커 1개를 꺼내 접시에 놓는다.
④ 잼 뚜껑을 열어 나이프로 잼을 조금 떠서 크래커 위에 바른다.
⑤ 잼을 바른 뒤 나이프를 받침대에 내려 놓는다.
⑥ 크래커를 접시에 놓는다.

⑦ 잼, 과자 뚜껑을 닫는다.

⑧ 크래커와 냅킨을 대접용 쟁반에 담아 친구에게 대접한다.

⑨ 크래커를 먹고 냅킨으로 입을 닦은 뒤 쓰레기통에 버린다.

⑩ 책상 위에 떨어져 있는 부스러기를 젖은 스펀지로 닦는다.

⑪ 세면대에 가서 접시와 나이프를 씻어 온다.

⑫ 행주로 접시와 나이프의 물기를 닦는다.

⑬ 젖은 행주를 새 것으로 바꾸어 오고 쟁반을 덮개로 덮는다.

⑭ 앞치마를 벗고 정리한다.

유아의 흥미점

- 잼 바르는 나이프의 모양
- 크래커(빵)의 하얀 부분에 잼(버터)을 바르는 것
- 두 개의 크래커(빵)를 잼(버터)이 겹치도록 포개는 것
- 친구들과 함께 먹는 것

실수를 통한 유아의 자기 행동 정정

- 잼(버터)을 너무 많이 발라 크래커(빵)를 포개었을 때 잼(버터)이 삐져 나오는 것을 보는 것
- 활동을 마친 후에 책상이나 쟁반에 부스러기가 떨어졌을 때
- 바르는 나이프나 접시에 잼(버터)이 남아 있을 때

활동의 변형과 응용

- 여러 가지 식재료를 이용한다(빵과 버터, 땅콩버터).

35) 시리얼 대접하기

활동에 필요한 교구

시리얼을 담을 용기, 시리얼, 우유, 작은 볼 2개, 스푼 2개, 대접용 쟁반, 유아용 앞치마와 요리사 모자, 스펀지, 행주

활동의 목적

- 직접목적: 우유에 적정한 분량의 시리얼을 넣어 간식을 준비할 수 있다.
- 간접목적: 우유와 시리얼을 활용해서 간식을 준비하는 방법을 안다(독립심, 질서감, 자신감, 사회성, 일상생활 적응 능력 증진).

대상 연령

3세 이상

제시 방법

① 유아에게 활동명을 소개한다. "시리얼 넣는 방법을 보여 줄 거예요."
② 손을 씻고 앞치마와 모자를 착용한다.
③ 덮개를 바르게 접고 교구를 소개한다.
④ 작은 볼을 씨리얼 나오는 입구에 맞춰 놓는다.
⑤ 시리얼 용기의 뚜껑을 돌려 연다(두 번 돌리기로 약속한다).
⑥ 레버를 두 번 돌려 시리얼이 작은 볼에 담기도록 한다.
⑦ 용기 뚜껑을 닫는다.

⑧ 시리얼이 담길 정도로 우유를 붓는다(흘린 우유는 스펀지로 닦는다).

⑨ 대접용 쟁반에 시리얼 볼과 스푼을 담고 친구에게 대접한다.

⑩ 시리얼을 먹고 다 먹은 볼과 스푼을 세면대에 가지고 가서 씻어 온다.

⑪ 행주로 물기를 닦는다.

⑫ 스펀지와 행주를 새 것으로 바꾸어 온다.

⑬ 교구를 덮개로 덮고 모자와 앞치마를 접어 놓는다.

유아의 흥미점

• 시리얼이 용기에서 떨어지는 것을 보는 것
• 시리얼이 우유에 잠기는 것

실수를 통한 유아의 자기 행동 정정

• 시리얼이 튀는 것
• 시리얼과 우유가 용기에 넘치는 것, 우유를 쏟는 것

활동의 변형과 응용

• 여러 가지 과일이나 식재료를 이용한다(예: 바나나, 딸기 추가).

36) 과일 썰기

 활동에 필요한 교구

바나나, 바나나 담을 용기, 플라스틱 칼, 도마, 스펀지, 행주, 접시, 종이봉투, 쟁반, 볼, 앞치마, 요리사 모자

 활동의 목적

- 직접목적: 도구를 활용해서 과일을 자를 수 있다.
- 간접목적: 도구를 안전하게 사용하는 태도를 기른다(독립심, 집중력, 질서감, 자신감, 대근육 · 소근육 조절 능력 증진).

 대상 연령

2.5세 이상

 제시 방법

◇ 바나나는 반으로 잘라 껍질을 잘 벗길 수 있도록 칼집을 내어 놓는다.

① 유아에게 활동명을 소개한다. "바나나 자르기를 보여 줄 거예요."

② 손을 씻고 요리사 모자와 앞치마를 한다.

③ 도마를 꺼내어 바나나를 도마 위에 놓는다.

④ 바나나의 껍질을 윗부분만 벗긴다.

⑤ 껍질은 바나나 담은 용기에 넣는다.

⑥ 칼을 오른손으로 잡고 바나나를 1cm 정도의 두께로 자른다.

⑦ 한 번에 한 조각씩 접시에 담는다.

⑧ 다른 유아에게 대접한다.

⑨ 바나나 껍질은 종이봉투에 싸서 쓰레기통에 넣는다.

⑩ 젖은 스펀지와 행주로 도마와 칼, 접시를 닦아 정리한다.

⑪ 사용한 스펀지는 빨아놓고, 행주는 새 것으로 바꿔 놓는다.

⑫ 모자와 앞치마를 벗어 정리한다.

 유아의 흥미점

- 바나나 껍질이 벗겨지는 것을 보는 것, 바나나가 잘라지는 것을 보는 것
- 다른 친구들에게 나눠 주는 것

 실수를 통한 유아의 자기 행동 정정

- 바나나가 잘 안 잘라지는 것, 바나나가 눌려지는 것

 활동의 변형과 응용

- 오이, 당근 등 다른 야채 자르기

37) 야채 썰기

활동에 필요한 교구

작은 도마, 껍질을 벗길 칼, 야채를 자를 칼, 피처, 스펀지, 껍질을 담을 접시, 자른 오이를 담을 접시, 과일꽂이, 볼, 포크(꽂이), 양동이, 행주, 비닐 매트, 앞치마, 쟁반, 야채(당근, 오이, 무), 브러시, 종이봉투

활동의 목적

- 직접목적: 도구를 활용해서 야채를 자를 수 있다.
- 간접목적: 도구를 활용하여 안전하게 야채의 껍질을 벗기고 자르는 방법을 안다(집중력, 질서감, 자신감, 청결감, 눈과 손의 협응력, 사회성 증진).

대상 연령

5세 이상

제시 방법

① 유아에게 활동명을 소개한다. "오이 써는 방법을 보여 줄 거예요."
② 손을 씻고 앞치마를 하고 비닐 매트를 편다.
③ 교구를 책상에 운반하고 새로운 교구를 소개한다.
④ 피처에 물을 떠 와서 볼에 물을 붓는다.
⑤ 오이를 볼에 넣고 브러시로 씻는다.
⑥ 양동이의 물을 버린다.

⑦ 도마 위에 오이를 놓고 야채 깎는 칼로 껍질을 벗긴다. 벗긴 오이 껍질을 빈 접시에 놓는다.

⑧ 칼을 소개하고 왼손으로 오이 끝부분을 잡고, 오른손으로 칼을 쥐고 오이를 자른다.

⑨ 자른 오이는 빈 접시에 하나씩 담아 포크(꽂이)를 꽂는다.

⑩ 친구들에게 오이를 대접한다.

⑪ 젖은 스펀지와 행주로 칼의 물기를 닦아 정리한다.

⑫ 볼에 물을 붓고 대접한 접시와 포크(꽂이)를 가져와서 하나씩 씻고 행주로 닦아 정리한다.

⑬ 오이껍질을 종이봉투에 싸서 버린다.

⑭ 도마와 접시를 스펀지와 행주로 닦아 정리한다.

⑮ 피처와 볼을 행주로 닦는다.

⑯ 사용한 스펀지와 행주를 세탁 바구니에 넣고 새 것으로 바꿔 놓는다.

⑰ 비닐 매트를 접고 앞치마를 벗어 정리한다.

유아의 흥미점

• 작은 도마, 칼 등의 도구들을 다뤄 보는 것
• 껍질을 벗기는 칼로 껍질을 벗길 때의 느낌
• 껍질이 얇게 가느다랗게 벗겨지는 것을 보는 것과 감촉
• 도마 위에서 칼로 자르는 것, 자를 때 나는 소리
• 작게 썰어 보는 것
• 오이를 먹는 것과 친구를 대접하는 것

실수를 통한 유아의 자기 행동 정정

- 손이 칼에 베었을 때
- 작업 후 칼과 그릇을 씻어 놓지 않았을 때
- 손을 씻지 않고 작업을 해서 당근이 더러워지는 것을 볼 때
- 껍질이 다 벗겨지지 않은 당근을 보는 것

활동의 변형과 응용

- 내용물을 바꾸어 준다.
- 작게 자른 야채를 비닐봉투에 넣어 가정으로 보낸다.
- 가정에서 야채볶음밥 또는 카레라이스 등을 만들어 본다.

38) 도시락 준비하고 정리하기

교구

어린이용 책상, 어린이용 도시락(도시락 주머니, 빈 도시락, 수저통, 냅킨, 물컵, 치약, 칫솔), 유치원 가방, 행주

※ 전 단계의 연습: 손수건 접기, 옷틀 – 지퍼, 리본 묶기

활동의 목적

• 직접목적: 자신의 도시락을 준비하여 질서 있게 정리할 수 있다.
• 간접목적: 도시락을 먹고 난 후 뒷정리하는 방법을 안다(스푼, 포크, 젓가락 사용 방법, 식사 중에 대화하는 방법, 냅킨 사용 방법, 식사를 할 때 소리를 내지 않는 등 식사 예절 함양).

대상 연령

3~4.5세

제시 방법

[도시락 준비]

① 유아에게 활동명을 소개한다.
② 손을 씻고 유치원 가방을 가져온다.
③ 가방을 열고 도시락 주머니를 꺼낸다.
④ 도시락 주머니에서 냅킨을 꺼내어 책상에 편다.

⑤ 준비물을 꺼내면서 이름을 소개하고(도시락, 냅킨, 숟가락, 젓가락, 물컵, 치약, 칫솔) 사용 용도를 알려 준다.

⑥ 도시락 뚜껑을 열고 도시락을 냅킨 위에 올려 놓는다.

⑦ 뚜껑은 도시락 주머니에 넣는다.

⑧ 숟가락, 젓가락을 도시락 오른편에 놓는다.

⑨ 수저통은 도시락 주머니에 넣는다.

⑩ 치약, 칫솔은 도시락 위편에 놓는다.

⑪ 컵은 수저 위에 놓는다.

⑫ 도시락 주머니는 가방에 넣고 지퍼를 닫는다.

[도시락 정리]

① 유치원 가방을 열고 도시락 주머니를 꺼낸다.

② 빈 도시락의 뚜껑을 닫고 수저를 정리한다.

③ 냅킨을 접는다.

④ 도시락 주머니 안에 빈 도시락, 수저통, 냅킨의 순으로 넣는다.

⑤ 도시락 주머니를 가방에 넣는다.

⑥ 물컵과 양치 세트로 양치를 한다.

⑦ 사용한 물컵의 물기를 행주로 닦은 뒤 도시락 가방에 넣는다.

유아의 흥미점

- 도시락을 정해진 위치에 올려 놓는다.

실수를 통한 유아의 자기 행동 정정

- 도시락 준비물이 냅킨 밖에 놓여 있다.

활동의 변형과 응용

- 피크닉 바구니를 싼다.

39) 꽃꽂이하기

교구

어린이용 앞치마, 비닐 매트, 쟁반, 유리 볼, 대야, 양동이, 피처, 꽃가위, 종이 봉투, 스펀지(큰 것, 작은 것), 행주, 꽃, 확대경, 손 닦는 타월, 꽃이 담겨 있는 꽃병, 여러 가지 꽃병(수반, 침봉)

※ 전 단계의 연습: 가위로 오리기, 물 따르기

활동의 목적

- 직접목적: 꽃을 손질하여 꽃병에 균형감 있게 꽂을 수 있다.
- 간접목적: 꽃을 손질하여 꽃병에 꽂는 방법과 뒷정리하는 방법을 안다(집중력, 질서감, 환경에의 배려, 미적 감각, 의식적인 근육 조절 능력 증진).

대상 연령

3~4.5세

제시 방법

① 유아에게 활동명을 소개한다. "꽃꽂이 하는 법을 보여 줄 거예요."
② 앞치마를 하고 비닐 매트를 책상에 편다.
③ 쟁반에 들어 있는 교구를 운반하여 활동 준비를 한다.
④ 여러 가지 꽃병을 소개하고 유아에게 꽃병을 선택하게 한다.
⑤ 피처에 물을 담아 와서 선택한 꽃병과 유리 볼에 물을 붓는다.

⑥ 종이봉투를 편다.

⑦ 꽃이 담겨 있는 꽃병에서 꽃 1송이를 꺼내어 종이봉투에 놓고 마른 잎을 떼어 유리 볼 위에 올려 놓는다.

⑧ 꽃가위를 소개한 후 오른손에 쥐고 꽃의 줄기를 물에 담구어 끝을 자른다.

⑨ 확대경으로 자른 줄기를 관찰한다.

⑩ 꽃병이나 수반에 꽃을 꽂는다.

⑪ 꽃이 들어 있는 꽃병을 원하는 곳에 놓는다.

⑫ 유리 볼 속의 줄기와 마른 잎을 종이봉투에 싸서 버린다.

⑬ 유리 볼의 물을 양동이에 버린다.

⑭ 스펀지와 행주로 꽃가위, 유리 볼, 피처, 양동이를 닦는다.

⑮ 행주를 새 것으로 바꾸어 놓고 앞치마를 벗고 교구를 정리한다.

유아의 흥미점

- 꽃을 물 속에서 자르기, 화병의 물이 증감하는 것, 꽃을 꽂는 법, 꽃병의 높이, 꽃병의 넓이와 줄기의 관계를 관찰하는 것

실수를 통한 유아의 자기 행동 정정

- 꽃병의 물이 넘침, 꽃병이 쓰러지는 것
- 꽃의 줄기를 너무 짧게 잘라서 꽃병 속에 쏙 들어가 버리는 것
- 꽃병에 꽃을 너무 많이 꽂아 잘 들어가지 않는 것

활동의 변형과 응용

- 여러 가지 다른 식물과 병을 사용한다.
- 관엽식물을 손질한다(우유, 맥주, 물 등으로 닦음).
- 물을 뿌리고 정원이나 화단을 손질한다.
- 야채 수확, 꽃다발 만들기

<꽃꽂이하기>

<종이봉투 접기>

40) 나뭇잎 닦기

 활동에 필요한 교구

잎이 넓고 두꺼운 식물, 화분(고무나무), 앞치마, 화장솜이나 스펀지, 분무기, 바닥을 닦을 행주

 활동의 목적

- 직접목적: 나뭇잎의 먼지를 닦을 수 있다.
- 간접목적: 주변 식물을 돌보고 기르는 데 관심을 갖는다(독립심, 집중력, 질서감, 청결감, 일상생활의 적응 능력 증진).

 대상 연령

3세 이상

 제시 방법

① 유아에게 활동명을 소개한다. "나뭇잎을 닦는 방법을 보여 줄 거예요."
② 앞치마를 입는다.
③ 유아를 잎에 먼지가 있는 식물이 있는 곳으로 데리고 가서 잎에 있는 먼지를 닦자고 말한다.
④ 왼손 바닥으로 잎을 잡고, 분무기로 잎 위에 물을 살짝 뿌린다.
⑤ 화장솜이나 스펀지로 잎을 닦는다(줄기 가운데에서 잎 끝쪽으로).
⑥ 바닥에 흘린 물을 행주로 닦는다.

⑦ 화장솜은 쓰레기통에 버리고 도구를 정리한다(스펀지는 빨아서 말린다).

유아의 흥미점

- 나뭇잎들의 모양, 크기를 보는 것
- 먼지가 쌓인 나뭇잎들을 닦는 것
- 먼지가 쌓였던 나뭇잎들이 반짝거리는 것을 보는 것
- 화장솜에 묻어 나는 때를 보는 것

실수를 통한 유아의 자기 행동 정정

- 나뭇잎들을 닦을 때 조심하지 않아 나뭇잎들이 찢어지거나 떨어지는 것을 보는 것
- 활동을 마쳤는데도 잎에 먼지가 묻어 있는 것을 보는 것

활동의 변형과 응용

- 나뭇잎에 직접 분무기로 물을 뿌려 나뭇잎을 닦을 수 있다.

41) 꽃과 나무에 물주기

 활동에 필요한 교구

화분, 비닐 매트, 앞치마, 물뿌리개, 피처, 스펀지, 바닥을 닦을 행주, '화분에 물을 주세요'라고 써 있는 카드들, 카드꽂이 통

 활동의 목적

- 직접목적: 물뿌리개에 물을 담아 꽃과 나무에 물을 줄 수 있다.
- 간접목적: 꽃과 나무에 물을 주며 식물을 돌보는 마음을 기른다(독립심, 집중력, 질서감, 자신감, 청결감, 일상생활 적응 능력 증진).

 대상 연령

4세 이상

⚡ **제시 방법**

① 유아에게 활동명을 소개한다. "꽃과 나무에 물을 주는 방법을 보여 줄 거예요."
② 앞치마를 입는다.
③ '화분에 물을 주세요' 카드가 꽂힌 화분을 발견한다.
④ 비닐 매트를 편 후 교구를 가지고 와서 카드가 꽂힌 화분 옆에 내려놓고 교구의 이름을 말해 준다.
⑤ 작은 피처를 싱크대로 가져가서 정해진 만큼 물을 담아 온다.

⑥ 물뿌리개에 물을 옮겨 붓고, 화분에 물을 준다.

⑦ 물을 주었으므로 화분에 꽂혀 있는 '화분에 물을 주세요' 카드를 뽑는다.

⑧ 스펀지로 카드에 묻은 흙을 닦은 후 카드를 카드꽂이 통에 담는다.

⑨ 화분 주변에 물이 떨어졌는지 살펴보고 행주로 닦는다.

⑩ 스펀지를 빨아 와서 교구를 정리한다.

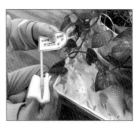

유아의 흥미점

- 물뿌리개로 화분에 물을 주는 것
- 물이 화분의 흙 속에 스며들어 물이 없어지는 것을 보는 것
- 물을 준 다음 '화분에 물을 주세요'라고 써 있는 카드들을 뽑아 닦아 놓는 것

실수를 통한 유아의 자기 행동 정정

- 물을 너무 많이 주어 화분 위로 물이 솟아오르는 것을 보는 것
- 물을 준 다음 '화분에 물을 주세요'라고 써 있는 카드들을 뽑지 않는 것
- 물을 잘 주지 않아 화분이 시든 것을 보는 것

활동의 변형과 응용

• 분무기로 물주기, 피처로 물주기, 화단에 물주기, 여러 크기의 나무에 물주기

※ 주의 사항: 물을 많이 주어야 하는 화분에는 카드를 여러 개 꽂고, 물을 적게 주어야 하는 화분에는 한 개만 꽂는다. 피처의 물의 양은 제일 작은 화분에 주어야 하는 물의 양을 기준으로 한다.

42) 촛불 켜고 끄기

 활동에 필요한 교구

황이 확실한 성냥, 양초, 물이 들어 있는 컵(불이 꺼진 성냥개비를 넣기 위함), 촛불 끄는 뚜껑(초새)

 활동의 목적

- 직접목적: 촛불을 안전하게 켜고 끌 수 있다.
- 간접목적: 촛불을 안전하게 다루는 방법을 인식한다(집중력, 질서감, 자신감, 청결감, 의식적인 소근육 조절 능력 증진).

 대상 연령

3~4세 이상

 제시 방법

① 유아에게 활동명을 소개한다. "촛불을 켜고 끄기를 해 볼 거예요."
② 성냥갑을 왼쪽에 들고 성냥 하나를 꺼내 수평으로 든다.
③ 황이 있는 곳에 성냥을 긋는다(안에서 밖으로).
④ 양초에 불을 붙인다.
⑤ 타다 남은 성냥개비는 물이 들어 있는 컵에 넣는다.
⑥ 촛불 끄는 뚜껑(초새)을 양손으로 들고 양초에 뚜껑을 씌우듯이 하여 불을 끈다(불을 끌 때는 교사와 함께한다).

 유아의 흥미점

성냥의 황에 불이 붙는 것, 불을 끄는 법

실수를 통한 유아의 자기 행동 정정

양초 물을 흘리는 것

활동의 변형과 응용

생일축하, 기도, 종교적인 축하회, 정숙의 연습에 사용한다.

1-B. 세련된 손끝을 위한 개인적인 훈련

43) 끈 끼우기

 활동에 필요한 교구

구슬, 바구니, 끈

※ 전 단계의 연습: 끈이 없는 것 끼우기, 모양 맞춰 끼우기

활동의 목적

- 직접목적: 구멍이 있는 다양한 물체를 끈으로 끼울 수 있다.
- 간접목적: 주변에 있는 다양한 물체에 구멍을 활용해서 끈으로 끼울 수 있음을 안다(집중력, 끈을 끼우기 위한 손과 손목, 손끝의 근육 조절 능력 증진).

 대상 연령

2세 이상

제시 방법

① 유아에게 활동명을 소개한다. "끈을 끼우는 방법을 보여 줄게요."
② 끈을 소개한 뒤 바구니에서 꺼내어 왼손으로 끈의 시작 부분을 누르고, 오른손으로 매듭 부분을 쥐고 끈을 끝까지 편다.

③ 오른쪽 세 손가락(엄지, 검지, 중지)으로 끈의 시작 부분을 잡고, 왼손으로 구슬을 들어 구멍을 보여 준 뒤 끈을 구슬 구멍에 조금 끼운다. 끈을 통과한 구슬을 오른손으로 옮겨 쥐고 구슬을 오른쪽 매듭 끝까지 민다.

④ 다 끼워진 구슬을 본다. 같은 방법으로 구슬을 다 끼운다.

⑤ 오른쪽 세 손가락으로 왼쪽에서 두 번째 구슬을 잡고 왼손으로 첫 번째 구슬부터 꺼낸다.

⑥ 구슬을 한 개씩 꺼내어 바구니에 정리한다.

유아의 흥미점

- 구멍에 끈을 끼우는 것과 구멍에서 끈이 나오는 것을 보는 것

실수를 통한 유아의 자기 행동 정정

- 구슬이 떨어지는 것
- 구슬이 구멍에 잘 끼워지지 않는 것

활동의 변형과 응용

- 다양한 줄과 크기의 구슬 끼우기, 패턴에 맞춰 끼우기

<끈 끼우기 전 교구(끼우기)>

<끈 끼우기>

<패턴에 맞춰 끼우기>

44) 붙이기

활동에 필요한 교구

풀, 풀받침, 붓, 붓받침, 젖은 행주, 스펀지, 여러 가지 모양으로 오려 둔 색종이가 담긴 상자, 밑종이, 물이 담긴 작은 피처, 색연필

활동의 목적

- 직접목적: 풀을 이용하여 모양 종이를 원하는 위치에 붙일 수 있다.
- 간접목적: 손끝의 움직임을 조절하여 풀로 종이를 붙이는 방법을 안다(독립심, 집중력, 질서감, 손목 근육 조절, 자신감 증진).

대상 연령

2세 이상

제시 방법

① 유아에게 활동명을 소개한다. "종이에 풀 붙이는 방법을 보여 줄 거예요."
② 색종이 상자를 열어 여러 가지 모양의 색종이가 있음을 본다.
③ 동그라미가 그려진 밑종이를 1장 꺼낸다. 같은 모양의 색종이도 1장 꺼낸다.
④ 풀과 풀받침을 소개한다.
⑤ 붓을 꺼내 풀을 묻힌다.
⑥ 색종이 뒷면에 풀칠을 하고 밑종이에 색종이와 같은 모양이 되도록 맞추어 붙인다.

⑦ 스펀지로 색종이를 살살 눌러 준다.

⑧ 풀뚜껑을 닫고, 피처 안의 물에 붓을 담궜다가 돌려 씻는다.

⑨ 젖은 행주로 붓을 눌러 닦고, 풀받침, 붓받침도 닦는다.

⑩ 피처 안의 물과 행주는 새 것으로 바꿔 온다.

⑪ 붙인 종이에 날짜와 이름을 쓴다.

유아의 흥미점

- 선에 맞추어 붙인다.
- 스티커가 붙는다.
- 손가락과 붓을 사용하여 풀을 바른다.

실수를 통한 유아의 자기 행동 정정

- 색종이가 밑그림에서 뜨거나 미끄러진다.
- 묻히는 풀의 양이 많거나 적다.
- 받침에 풀이 남는다.

활동의 변형과 응용

- 스티커 붙이기

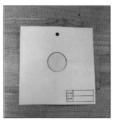

<풀로 붙이기>

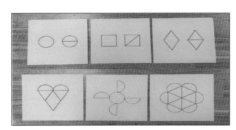
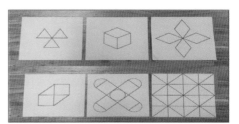

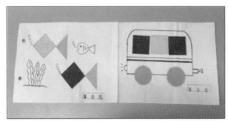

<스티커 붙이기>

45) 자르기

활동에 필요한 교구

유아용 가위, 자른 종이를 담을 그릇, 종이봉투, 쟁반, 오릴 종이들(오릴 종이들은 단계별로 준비한다)

활동의 목적

- 직접목적: 가위로 종이의 모양에 따라 바르게 자를 수 있다.
- 간접목적: 가위를 안전하게 사용하는 방법에 대하여 안다(집중력, 질서감, 자신감, 주의력, 손끝 · 손목 운동과 조절).

대상 연령

2.5세 이상

제시 방법

① 유아에게 활동명을 소개한다.
　"가위로 자르는 방법을 보여 줄 거예요."
② 가위와 필요한 교구를 소개한다.
③ 쟁반에서 자른 종이를 담을 그릇을 꺼내 놓는다.
④ 가위 중앙을 우측 세 손가락으로 잡고 꺼내어 왼손바닥에 놓는다.
⑤ 왼손 엄지로 가위날을 누르고, 오른손 검지를 큰 구멍에, 오른손 엄지를 작은 구멍에 끼운다.

⑥ 가위를 들고 가위 사용법을 알려 준다(가위의 입을 열었다가 닫는 것을 천천히 보여 준다).

⑦ 선이 없는 종이를 가져와서 자르기를 한다(가위의 위치는 고정하고, 종이를 움직여 자르기를 한다).

가위의 입을 끝까지 벌린다. → 종이를 가위날에 가져다 댄다. → 가위의 입을 닫는다.

⑧ 잘라진 종이를 그릇에 담는다(종이봉투에 담는다).

유아의 흥미점

- 가위를 사용해 보는 것, 종이가 잘라지는 것
- 종이를 자를 때 나는 소리들, 잘라진 종이의 모양을 보는 것

실수를 통한 유아의 자기 행동 정정

- 가위를 잘 사용하지 못해 종이가 잘라지지 않은 것
- 선대로 잘라지지 않은 모양을 보는 것
- 자른 종이의 수준이 유아에게 맞지 않는 것

주의점

- 자르는 단계를 유아의 수준에 맞게 배려한다.

활동의 변형과 응용

- 여러 가지 모양으로 종이를 오린다. 잡지에서 재미있는 모양들을 찾아 오리기를 한다.
- 여러 가지 종이의 재질을 찾아 오린다. 모양 가위를 사용하여 오린다.
- 처음에는 아무것도 없는 종이를 오리고 싶은 대로 오리도록 한다.

- 짧은 직선 오리기, 짧은 사선 오리기, 조금 긴 직선 오리기, 지그재그선 오리기, 곡선 오리기
- 달팽이 모양 오리기, 동그라미 오리기, 그림 모양대로 오리기, 대칭 오리기 등으로 발전해 가면서 오리기를 하도록 한다.

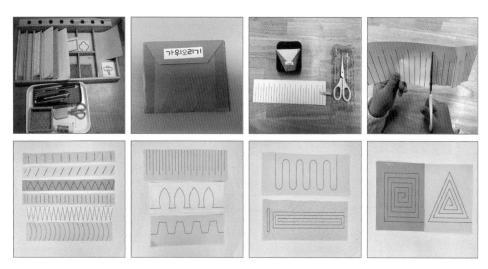

<가위 오리기>

<반 접어 오리기>

46) 구멍 뚫기

 활동에 필요한 교구

구멍 뚫기용 매트, 작은 송곳(송곳집), 구멍 뚫기용 도안(점이 찍혀 있는 종이), 쟁반

 활동의 목적

- 직접목적: 송곳을 활용하여 구멍 뚫기를 할 수 있다.
- 간접목적: 구멍을 뚫기 위해 송곳을 안전하게 사용하는 방법을 안다(독립심, 집중력, 질서감, 자신감, 손끝과 손목의 움직임 조절 능력 증진).

 대상 연령

3세 이상

 제시 방법

① 유아를 초대하여 활동명을 소개하고 교구를 갖고 와서 이름을 알려 준다.
② 매트 위에 종이를 올린다.
③ 종이에 점이 있음을 보여 주고, 그 점에 구멍을 뚫는다고 알려 준다.
④ 송곳 잡는 법을 알려 주고, 송곳으로 점을 정확히 찔러 구멍을 뚫는다.
⑤ 유아에게 뚫린 구멍을 보여 주고, 남은 점은 유아가 뚫도록 한다.

<송곳을 사용하여 구멍 뚫기>

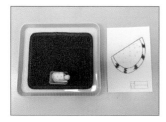  

유아의 흥미점

• 점마다 송곳으로 구멍을 뚫어 놓는 것

47) 매듭짓기

 활동에 필요한 교구

실뭉치가 들어 있는 병(뚜껑 가운데에 구멍이 있음), 바느질용 작은 가위, 종이봉투, 쟁반

 활동의 목적

- 직접목적: 실을 활용하여 매듭짓기를 할 수 있다.
- 간접목적: 매듭을 완성하기 위해 손끝과 손목의 근육 조절 방법을 안다(독립심, 집중력, 질서감, 자신감, 손끝과 손목의 움직임 조절 능력 증진).

 대상 연령

3세 이상

 제시 방법

① 유아에게 활동명을 소개한다. "실로 매듭을 짓는 방법을 보여 줄 거예요."
② 교구 쟁반을 가져와 교구를 소개한다.
③ 한 손으로 병을 잡고 다른 한 손으로 병뚜껑 구멍으로 나온 실을 앞으로 잡아당긴다.
④ 실 끝을 잡고 원을 만들어 실이 교차되게 한다.
⑤ 한 손으로 실을 들어 교차되는 부분을 잡고 다른 손으로 구멍 안쪽에 손가락을 넣어 실끝을 뺀다.

⑥ 양손으로 실을 잡아당기면 매듭이 지어진다.

⑦ 가위로 매듭 부분이 중앙에 가도록 하고 실을 자른다.

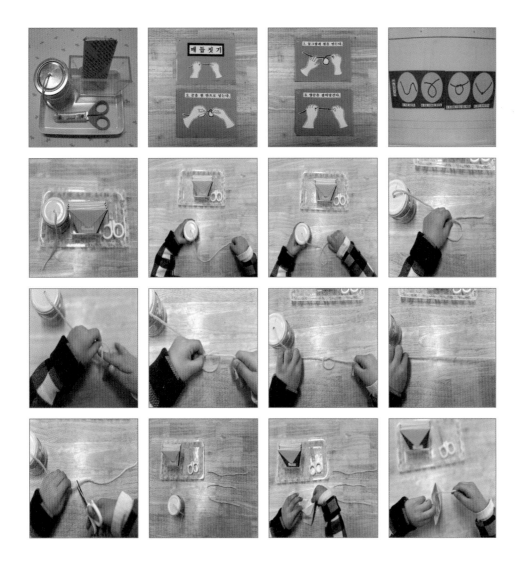

48) 바느질하기

활동에 필요한 교구

바느질 상자(바늘꽂이와 바늘, 송곳, 작은 종지, 작은 가위), 매트, 여러 가지 실이
감긴 실패, 바느질 종이

※ 전 단계의 연습: 송곳으로 구멍 뚫기

활동의 목적

- 직접목적: 실과 바늘을 사용하여 바느질할 수 있다.
- 간접목적: 실과 바늘을 안전하게 사용하는 방법을 안다(독립심, 집중력, 질서
  감, 자신감, 손끝과 손목의 움직임 조절 능력 증진).

대상 연령

3세 이상

제시 방법

◇ 송곳을 사용하여 구멍 뚫기 – 실 준비 – 바늘에 실 끼우기 – 매듭짓기 – 바느질하기

① 유아에게 활동명을 소개한다. "바느질하는 방법을 보여 줄 거예요."
② 바느질 종이와 유아가 좋아하는 색의 실패 한 개를 선택하여 바느질 상자
   와 함께 책상으로 가져온다.
③ 바느질 종이를 매트 위에 올리고 송곳으로 점에 구멍을 뚫고 확인한다.
④ 점을 다 찍었으면 송곳을 송곳집에 끼우고 상자에 넣는다.

⑤ 선이나 그림이 있는 쪽이 앞, 그림이 없는 쪽이 뒤임을 알려 준다.

⑥ 실을 책상 길이만큼 풀고 자른다.

⑦ 바늘 귀에 실을 끼우고 바늘을 바늘꽂이에 꽂는다.

⑧ 두 줄이 같은 길이가 되게 하고, 실끝을 나란히 모아 매듭을 짓는다.

⑨ 종이 뒷면의 우측 맨 끝점에 바늘을 끼우고 앞면에서 바늘을 끝까지 잡아당긴다(바느질은 그림이 없는 뒷면에서 시작한다. 뒷면에 시작 매듭이 있음).

⑩ 앞면의 실이 나온 바로 우측 구멍에 바늘을 끼우고 뒷면에서 끝까지 잡아당긴다.

⑪ 끝까지 반복하여 뒷면에서 매듭을 짓고 마무리한다.

유아의 흥미점

- 점마다 송곳으로 구멍을 뚫어 놓는 것
- 구멍을 뚫어 놓은 곳에 바늘을 넣고 빼고 하여 꿰매는 것
- 바늘로 꿰매는 것, 꿰매어진 것을 보는 것
- 실을 끼운 바늘은 바늘꽂이에 꽂고 실을 당겨서 두 줄이 같은 길이가 되도록 하는 것
- 실 끝을 잡고 매듭을 짓는 것
- 바느질 시작은 그림이 없는 뒤에서 시작하는 것

※ 홈질 → 이중 홈질 → 감침질 → 박음질 → 구슬, 스팽클 달기 → 천 바느질(구슬, 스팽클 달기) → 종이 십자수 → 천 십자수

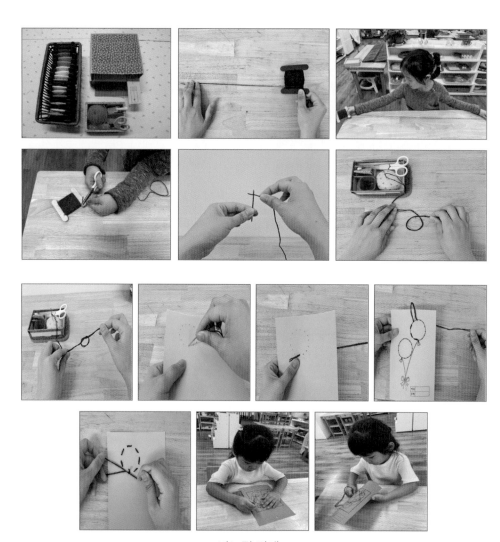

<바느질 단계>

<홈질>   <이중 홈질>   <감침질>   <박음질>

<박음질>　　　　　<구슬 달기>　　　　　<스팽클 달기>

 실수를 통한 유아의 자기 행동 정정

- 구멍을 잘못 뚫어 일정하게 바느질이 되지 않은 것을 보는 것
- 구멍을 건너뛰어 일정하게 바느질이 되지 않는 것을 보는 것
- 앞과 뒤를 번갈아 가며 바느질하지 않아 엉켜서 바느질이 된 것
- 너무 종이를 잡아당겨서 종이가 구겨지거나 찢어진 것

활동의 변형과 응용

- 여러 가지 디자인을 바느질하기(홈질, 박음질, 감침질)
- 단추 달기, 스팽클 달기, 구슬 달기
- 십자수 놓기
- 천 바느질하기(가방, 쿠션, 액자 만들기)
- 직조하기(매트, 가방 만들기)
- 목도리 짜기(목도리, 모자 만들기)
- 손 뜨개질하기(손 목도리, 팔찌, 머리띠, 머리핀 만들기)

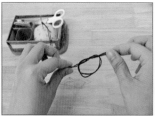

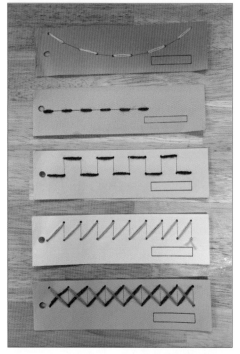

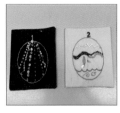

<바느질 도안>

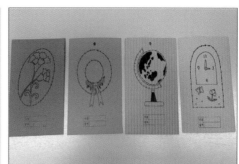

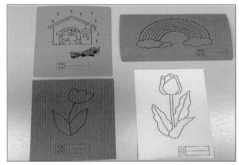

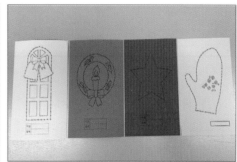

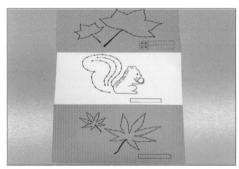

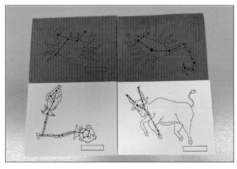

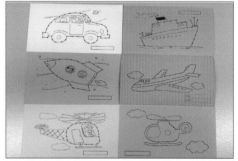

49) 단추 달기

활동에 필요한 교구

다양한 옷 모양의 펠트지, 실, 작은 그릇, 가위, 바늘, 바늘꽂이, 볼펜, 구멍이 2개 있는 단추, 구멍이 4개 있는 단추

목적

• 직접목적: 실과 바늘을 사용하여 단추 달기를 할 수 있다.
• 간접목적: 실과 바늘을 안전하게 사용하여 단추를 다는 방법을 안다(독립심, 집중력, 질서감, 자신감, 일상생활 적응 능력 증진).

대상 연령

3.5세 이상

제시 방법

① 유아에게 활동명을 소개한다. "오늘은 단추를 달아 볼 거예요."
② 교구를 운반한다.
③ 원하는 모양의 옷을 선택한다.
④ 단추를 달 자리를 정하여 볼펜으로 점을 찍는다.
⑤ 실을 책상 길이만큼 잘라 바늘에 끼워 매듭을 짓는다.
⑥ 옷 펠트지의 뒤에서부터 시작하여 단추 구멍으로 실을 뺀다.
⑦ 옆의 구멍으로 바늘을 통과시킨다.

⑧ 단추구멍이 4개인 경우, X자가 되도록 바느질을 한다.

⑨ 여러 번 반복 후 천을 접고 단추에 실을 여러 번 돌려 튼튼하게 되면 매듭을 짓고, 바늘에 가깝게 실을 자른다.

⑩ 남은 실을 작은 그릇에 담아 쓰레기통에 버린다.

⑪ 교구를 정리한다.

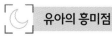 **유아의 흥미점**

- 천에 바느질하는 것
- 원하는 모양에 단추 달아 보기
- 원하는 옷에 단추 달아 보기

 실수를 통한 유아의 자기 행동 정정

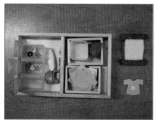

- 매듭을 짓지 않아 실이 빠지는 것

※ 매듭이 뒤에 오도록 해야 한다.

   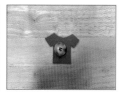

50) 천 바느질하기

 활동에 필요한 교구

천(20~30수), 실, 작은 그릇, 가위, 바늘, 바늘꽂이, 연필, 수틀, 바구니, 도안 또는 유아가 직접 그린 그림

목적

- 직접목적: 실과 바늘을 사용하여 천 바느질을 할 수 있다.
- 간접목적: 실과 바늘을 안전하게 사용하여 천 바느질하는 방법을 안다 (독립심, 집중력, 질서감, 자신감, 일상생활 적응 능력 증진).

 대상 연령

3.5세 이상

 제시 방법

① 유아에게 활동명을 소개한다. "실과 바늘로 천에 바느질을 해 볼 거예요."
② 교구를 운반하고 교구를 소개한다.
③ 천을 꺼내어 연필로 원하는 그림을 그린다. (유아)
④ 유성펜으로 5mm 간격으로 점을 찍는다. (교사)
⑤ 천을 수틀에 끼운다.
⑥ 실을 책상 길이만큼 잘라 바늘에 끼워 매듭을 짓는다.
⑦ 천의 뒤에서부터 박음질을 하고, 천 바느질은 종이와 달리 구멍을 뚫지 않

고 바늘만 이용하여 바느질을 한다.

⑧ 실이 짧아지면 매듭을 짓고, 바늘에 가깝게 실을 자른다.

⑨ 남은 실을 작은 그릇에 담아 쓰레기통에 버리고 교구를 정리한다.

   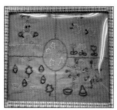

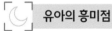 **유아의 흥미점**

- 천에 바느질하는 것
- 점 따라 바늘로 구멍 내기
- 꽂고, 뒤집고, 빼는 반복되는 움직임을 하는 것

 실수를 통한 유아의 자기 행동 정정

- 박음질의 방향을 거꾸로 바느질할 때
- 매듭을 짓지 않아서 실이 빠지는 것

※ 매듭이 뒤에 오도록 해야 한다.

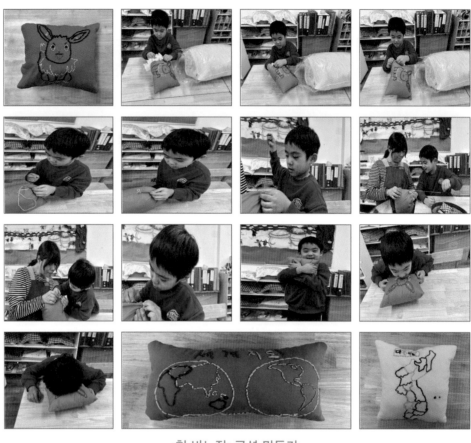

<천 바느질: 쿠션 만들기>

<천 바느질: 스팽클 달기>

51) 십자수 바느질하기

 활동에 필요한 교구

십자수 도안 종이, 실, 작은 그릇, 가위, 바늘, 바늘꽂이, 송곳

목적

- 직접목적: 실과 바늘을 사용하여 십자수 바느질을 할 수 있다.
- 간접목적: 실과 바늘을 안전하게 사용하여 십자수 바느질하는 방법을 안다
  (독립심, 집중력, 질서감, 자신감, 일상생활 적응 능력 증진).

 대상 연령

3.5세 이상

 제시 방법

① 유아에게 활동명을 소개한다. "십자수를 놓아 볼게요."
② 교구를 소개한 후 도안을 살펴보고 유아와 도안에 있는 점에 송곳으로 구
  멍을 뚫는다.
③ 실을 책상 길이만큼 자르고 바늘에 끼운다.
④ 끝의 실을 조금 남겨 놓고 도안 뒷면의 맨 위 왼쪽 구멍에 바늘을 넣는다.
⑤ 앞쪽 우측에서 사선(/)모양으로 바느질을 한다.
⑥ 돌아올 때는 \ 모양으로 바느질을 한다.
⑦ 바느질이 끝났으면 매듭을 짓고, 바늘에 가깝게 실을 자른다.

⑧ 남은 실을 작은 그릇에 담아 쓰레기통에 버리고 교구를 정리한다.

※ 처음에는 도안이 없는 십자수 종이에 연습을 하고 익숙해지면 도안 십자수를 활용한다. 종이
가 익숙해지면 천 십자수를 할 수 있다.

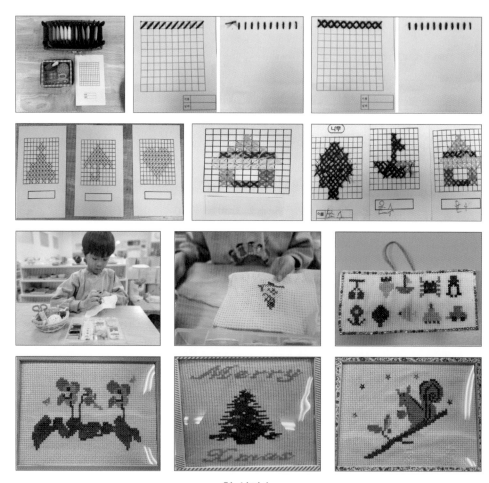

<천 십자수>

유아의 흥미점

• /와 \로 바느질하는 반복된 움직임을 하는 것

• 뒷면은 ㅣ모양으로 되어 있는 것

실수를 통한 유아의 자기 행동 정정

• 실의 끝을 남겨 놓지 않아 실이 빠질 때를 경험하는 것

※ 매듭을 짓지 않는다.

 활동의 변형과 응용

• 원하는 모양으로 십자수 놓기

52) 종이 직조 짜기

 활동에 필요한 교구

직조 밑종이(흰색과 검은색), 직조 종이(다양한 색), 직조 바늘

목적

- 직접목적: 종이를 활용하여 직조 짜기를 할 수 있다.
- 간접목적: 직조 짜기는 종이 방향이 서로 다르게 엮여야 한다는 것을 안다
  (독립심, 집중력, 질서감, 자신감, 소근육 조절 능력 증진).

 대상 연령

3.5세 이상

 제시 방법

① 유아에게 활동명을 소개한다. "종이 직조 짜기를 해 볼게요."
② 교구를 운반하고 교구의 이름을 소개한다.
③ 칼집이 나 있는 밑면 종이를 꺼낸다.
④ 직조용 밑면 종이를 한 개 선택(흰색과 검은색 중 선택)해서 직조용 색지를 바늘에 끼운다.
⑤ 밑면 종이의 첫 칸 위에서 아래로 바늘을 넣는다.
⑥ 다음 칸에서 바늘을 꺼내고 바느질하듯이 아래로 바늘을 넣는다.
⑦ 밑면 종이의 마지막 칸에서 바늘을 살살 당겨 종이가 밑면에 채워지도록 한다.

⑧ 바늘을 빼고 끼워진 색지를 맨 밑으로 내린다.

⑨ 다른 색의 직조 종이를 한 개 선택하여 바늘에 끼우고 처음 끼운 종이 위쪽
으로 바늘을 끼워 6~7번을 반복하고, 종이가 다 채워지면 정리한다.

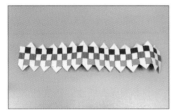   

<종이 직조 짜기>

유아의 흥미점

• 밑종이 위로 색깔 있는 종이가 보임, 다양한 색으로 종이가 채워짐을 보는 것

실수를 통한 유아의 자기 행동 정정

• 색지가 일정한 간격으로 되지 않는 것

활동의 변형과 응용

• 완성된 직조로 가방, 필통 등 다양한 모양을 만들 수 있다.

53) 직조하여 가방 만들기

교구

직조 틀, 넓적하고 긴 플라스틱 바늘, 빗, 가늘고 긴 스테인리스 납작바늘, 색실과 밑실용 면실, 가위, 바구니

목적

- 직접목적: 실로 직조하여 가방을 만들 수 있다.
- 간접목적: 실과 실이 직조되어 가방의 면을 이루게 됨을 안다(독립심, 집중력, 질서감, 자신감, 소근육 조절 능력 증진).

대상 연령

4세 이상

제시 방법

① 유아에게 활동을 소개한다. "실로 직조하여 가방을 만들어 볼 거예요."
② 교구를 책상 위로 옮긴 후 소개한다(직조 틀에 밑실이 걸려 있게 준비해 둔다).
③ 유아가 원하는 색상의 실을 선택해서 가지고 오게 한다.
④ 넓적한 긴 바늘의 뒷부분에 실을 끼워서 매듭으로 고정시킨 후 바늘의 앞쪽 홈에 실을 끼워서 앞뒤로 10회 정도 실을 감아 자른다.
⑤ 매듭한 부분의 반대쪽이 바늘의 앞부분이 되게 오른손으로 실을 감은 넓고 긴 바늘을 움켜잡는다.

⑥ 첫 번째 밑실의 위에서부터 지그재그로 바늘을 끼워 넣는다. 밑실을 기준으로 한 칸은 위로, 한 칸은 아래로 직조 짜기를 한다.

⑦ 반대쪽 지지대까지 직조를 짠 후 긴 바늘을 틀에서 빼내어 당기면서 실의 길이를 조절한다(실이 짧아지면서 바늘에 감겨 있는 부분의 실을 빼내어 실을 길게 조절해 간다).

⑧ 같은 방법으로 반복해서 직조 짜기를 하다가 실의 길이가 부족하면 다른 실을 가지고 오게 하여 매듭으로 있는다(처음 실을 끼워서 매듭하는 방법과 동일).

⑨ 양쪽 지지대 사이를 직조 짜기 한다(직조로 채워질 때까지 반복한다).

⑩ 남아 있는 공간의 간격이 좁아지면 가늘고 긴 바늘로 바꾼다(바늘에 실을 매듭한 후에 길게 늘어서 실을 자르고 직전에 사용했던 실과 매듭으로 이어서 계속한다).

⑪ 공간이 모두 채워지면 남은 실을 한 뼘 길이 정도 남긴 후 다양한 실을 사용해서 형형색색으로 직조 짜기를 한다.

유아의 흥미점

- 직조가 만들어지는 것을 보는 것
- 빗으로 쓸어 올려서 총총히 되는 것을 보는 것

실수를 통한 유아의 자기 행동 정정

- 실의 이음새가 겉으로 나오는 것

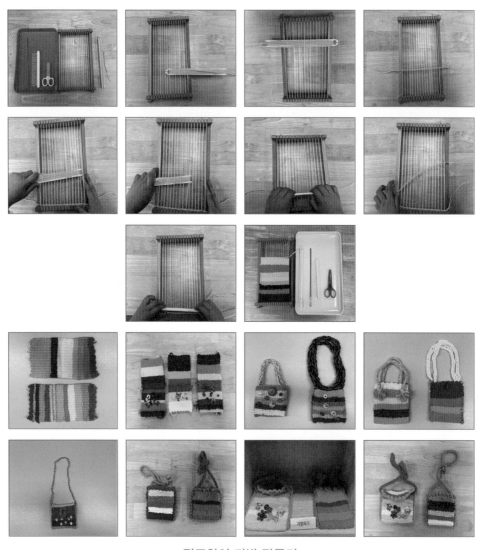

<직조하여 가방 만들기>

54) Y 직조 짜기

활동에 필요한 교구

Y형 직조 틀(가운데에 구멍이 있는), 털실, 가위

목적

- 직접목적: 털실과 Y형 직조 틀을 이용하여 직조 짜기를 할 수 있다.
- 간접목적: 직조 짜기는 털실의 방향에 따라 엮이는 모양이 다르다는 것을 인식한다(독립심, 집중력, 질서감, 자신감, 소근육 조절 능력 증진).

대상 연령

3.5세 이상

제시 방법

① 유아에게 활동명을 소개한다. "Y형 틀에 직조 짜기를 할 거예요."
② 교구를 소개하고 털실을 고른다.
③ 실을 가운데로 놓고 손잡이에 털실 끝을 놓은 후 왼손 엄지손가락으로 눌러 잡는다.
④ 오른손으로 실을 한쪽 가지의 가운데 뒤에서 앞으로 감는다.
⑤ 가운데를 통과하여 나머지 가지도 감는다.
⑥ 다시 한번 ⑤와 같은 방법으로 감는다.
⑦ 걸려 있는 실을 가지로 빼낸다.

⑧ ⑥, ⑦을 반복한다.

⑨ 왼손으로 잡고 있던 실을 뒤로 빼내어 당긴다.

⑩ 원하는 길이가 되면 실을 자르고 감아 마무리한다.

<Y가지 직조>

유아의 흥미점

• 직조가 만들어지는 것을 보는 것

• 빗으로 쓸어 올려 총총히 되는 것을 보는 것

실수를 통한 유아의 자기 행동 정정

• 실의 이음새가 겉으로 나오는 것

• Y자 나뭇가지를 잘라서 같은 방법으로 할 수 있다.

55) 목도리 짜기

 활동에 필요한 교구

목도리 틀(나무 틀 위에 일정한 간격으로 못이 마주보게 나와 있음), 실, 가위, 바구니

 목적

- 직접목적: 목도리 틀과 실 등을 이용하여 목도리를 짤 수 있다.
- 간접목적: 실과 실이 엮여서 목도리가 만들어지는 과정에 관심을 가진다(집중력, 독립심, 책임감, 의식적인 근육 조절 능력 증진).

 대상 연령

4세 이상

 제시 방법

① 교구를 책상 위로 옮긴 후 의자에 앉는다.
② 교구와 활동명을 소개한다. "틀을 이용해서 목도리 짜기를 해 볼 거예요."
③ 유아가 2가지 색상의 실을 선택해서 바구니에 담아 가지고 오게 한다.
④ 두 가지 색의 실을 끝을 맞추어 끝부분을 틀의 왼쪽 아래에 눌러서 고정시킨 후 왼손으로 틀의 왼쪽을 눌러 잡고 오른손으로 실을 잡는다.
⑤ 두 개의 실의 끝을 맞추어 적당한 길이만큼 당긴 후 왼쪽 맨 앞부분의 첫 번째 못의 위에서부터 아래로 한 칸씩 오른쪽 같은 방향으로 지그재그로 틀의 가운데 부분까지 실을 건다.

⑥ 오른쪽 끝까지 도착하면 실을 틀 아래에 눌러 고정시킨 후 걸려 있는 실들을 손으로 눌러 아래로 누르면서 내린다.

⑦ 실을 지그재그로 못에 걸면서 같은 방법으로 왼쪽으로 돌아온다(못에 실이 네 줄 있음).

⑧ 두 줄의 못에 걸려 있는 아래쪽 실을 모두 위로 올려서 못 사이에 넣는다(못에 실이 두 줄 걸려 있음).

⑨ 같은 방법으로 좌우로 번갈아 가면서 실을 지그재그로 걸었다가 아래쪽을 올려서 빼내는 작업을 반복한다.

⑩ 유아의 목에 감았을 때 한 번 매듭을 묶을 수 있는 길이가 되면 틀에서 실을 빼내어 마무리한다.

⑪ 교구를 제자리에 정리한다.

유아의 흥미점

- 목도리 틀 밑으로 짠 실이 보이는 것
- 목도리가 길어지는 것

실수를 통한 유아의 자기 행동 정정

- 실이 못에 걸림
- 코가 빠지거나 짠 간격이 일정하지 않은 것

활동의 변형과 응용

- 같은 방법으로 간격을 넓히고 길이를 줄여서 모자 짜기를 할 수 있다.
- 틀 없이 손으로만 목도리를 짤 수 있다.

<목도리 짜기>

<손으로 목도리 짜기>

56) 모자 짜기

활동에 필요한 교구

목도리 틀, 실, 가위, 바구니

목적

- 직접목적: 목도리 틀과 실 등을 이용하여 모자를 짤 수 있다.
- 간접목적: 실과 실이 엮여서 모자가 만들어지는 과정에 관심을 가진다(집중력, 독립심, 책임감, 의식적인 근육 조절 능력 증진).

대상 연령

4세 이상

제시 방법

① 교구를 책상 위로 옮긴 후 교구를 소개한다.

② 유아가 2가지 색상의 실을 선택해서 바구니에 담아 가지고 오게 한다.

③ 두 가지 색의 실 끝을 맞추어 끝부분을 틀의 왼쪽 아래에 눌러서 고정시킨 후 왼손으로 틀의 왼쪽을 눌러 잡고 오른손으로 실을 잡는다.

④ 두 가지 색의 실 끝을 맞추어 적당한 길이만큼 당긴 후 왼쪽 맨 앞부분의 첫 번째 못의 위에서부터 아래로 한 칸씩 오른쪽 같은 방향으로 지그재그로 걸면서 오른쪽 끝까지 해 본다.

⑤ 오른쪽 끝까지 도착하면 실을 틀 아래에 눌러 고정시킨 후 걸려 있는 실들

을 손으로 눌러 아래로 누르면서 내린다.

⑥ 실을 지그재그로 못에 걸면서 같은 방법으로 왼쪽으로 돌아온다(못에 실이
네 줄 있음).

⑦ 실이 왼쪽 끝부분까지 돌아오면 첫 번째 칸의 못 아랫부분의 실을 위로 들
어 올려서 못과 못 사이로 넣는다(못에 실이 두 줄 걸려 있음).

⑧ 같은 방법으로 좌우로 번갈아 가면서 실을 지그재그로 걸었다가 아래쪽을
올려서 빼내는 작업을 반복한다.

⑨ 유아의 머리둘레와 비슷한 크기가 되면 틀에서 실을 빼내어 마무리한다.

⑩ 교구를 제자리에 정리한다.

※ 목도리 짜기와 같은 방법으로 전체 틀을 다 이용하여 길이를 늘려서 모자 짜기를 할 수 있다.

<모자 짜기>

 유아의 흥미점

• 긴 목도리를 모자 모양으로 만들기, 머리에 재 보기

 실수를 통한 유아의 자기 행동 정정

• 짠 간격이 일정하지 않은 것, 코가 빠져 공간이 비는 것

활동의 변형과 응용

• 모자 방울 만들기

57) 병뚜껑 열고 닫기

 활동에 필요한 교구

화장품 빈 병(다양한 크기로 5~6개 준비), 담을 바구니

 활동의 목적

- 직접목적: 다양한 크기의 병뚜껑을 열고 닫을 수 있다.
- 간접목적: 여러 가지 병뚜껑을 열고 닫는 활동에 흥미를 갖는다(독립심, 집중력, 질서감, 눈과 손의 협응력 증진).

 대상 연령

2.5세 이상

 제시 방법

① 유아에게 활동명을 소개한다. "병뚜껑 열고 닫기를 보여 줄게요."
② 교구장에서 가져온 바구니에서 병을 하나 꺼낸다.
③ 왼손으로 병을 잡아 고정시키고, 오른손의 세 손가락으로 뚜껑을 잡고 시계 반대방향으로 돌려 뚜껑을 연다.
④ 병의 윗부분과 뚜껑 안의 모양을 살핀다. 병을 제자리에 내려놓고 뚜껑을 병 옆에 놓는다.
⑤ 나머지 병들도 같은 방법으로 뚜껑을 열어 놓는다(다 꺼내면 병과 뚜껑을 관찰한다).

⑥ 왼손으로 병을 잡고 오른손으로 병뚜껑을 맞추어 시계 방향으로 끝까지 돌려 닫는다.

⑦ 다른 병들도 병뚜껑을 닫는다.

⑧ 첫 번째 병부터 바구니에 담으면서 교구를 정리한다.

※ 익숙해지면 뚜껑을 섞어 놓고 할 수 있다.

🌙 유아의 흥미점

- 병의 모양, 색깔을 보는 것
- 병뚜껑을 열고 닫는 것
- 병에 맞는 뚜껑을 찾는 것

실수를 통한 유아의 자기 행동 정정

- 병과 뚜껑이 맞지 않는 것
- 뚜껑을 반대 방향으로 돌려서 닫을 수 없는 것
- 병과 뚜껑을 맞게 매칭하지 못해서 다른 뚜껑이 남는 것을 볼 때

🔋 활동의 변형과 응용

- 열고 닫는 방법이 다른 병이나 물건(지갑 등) 경험하기

58) 빨래집게 사용하기

활동에 필요한 교구

빨래집게가 들어 있는 바구니, 집게를 꽂을 용기(상자 등)

활동의 목적

- 직접목적: 빨래집게 사용 방법을 알고 활용할 수 있다.
- 간접목적: 빨래집게를 열고 집는 방법을 안다(집중력, 독립심, 책임감 증진, 글 쓰기의 간접적 준비, 소근육 발달).

대상 연령

2.5세 이상

제시 방법

① 유아에게 활동명을 소개한다. "빨게집게를 사용하는 방법을 보여 줄 거예요."
② 교구 쟁반을 책상으로 가져온다.
③ 바구니에서 집게를 1개 꺼내 오른손 세 손가락으로 잡은 뒤 눌렀다가 편다.
④ 빨래집게를 1개씩 꺼내어 용기 가장자리에 돌아가며 꽂는다.
⑤ 다 꽂았으면 왼손으로 용기를 잡고 오른손으로 빨래집게를 하나씩 빼서 바구니에 넣는다.
⑥ 교구장에 정리한다.

<집게로 옮기기>

유아의 흥미점

- 빨래집게의 모양, 색깔을 보는 것
- 손잡이를 누르면 빨래집게가 벌어지는 것
- 빨래집게가 다른 물건들에 집혀서 달리는 것을 보는 것

실수를 통한 유아의 자기 행동 정정

- 손잡이를 누르지 않아서 빨래집게가 벌어지지 않는 것
- 빨래집게가 벌어지지 않아서 고정시키지 못하는 것
- 손잡이를 끝까지 누르지 않아서 빨래집게가 튕겨져 나가는 것

활동의 변형과 응용

- 작은 빨래집게 사용하기
- 작은 빨랫줄을 만들어 빨래를 널고 빨래집게로 집기
- 부직포, 하드보드지 등으로 미완성의 여러 모양을 만들어 빨래집게로 완성하기

59) 자물쇠와 열쇠 사용하기

활동에 필요한 교구

여러 크기의 자물쇠와 열쇠, 바구니

활동의 목적

- 직접목적: 다양한 종류의 자물쇠를 열고 잠글 수 있다.
- 간접목적: 자물쇠와 열쇠의 여러 모양과 기능에 관심을 갖는다(집중력, 독립
  심, 책임감, 질서감, 눈과 손의 협응력 발달).

대상 연령

3세 이상

제시 방법

　　① 유아에게 활동명을 소개하고, 교구의 이름을 소개한다(자물쇠, 열쇠).
[열기] ② 자물쇠를 들고 자물쇠의 구멍을 잘 살펴본다.
　　③ 자물쇠에 맞는 열쇠를 찾아 구멍에 밀어 끼운다.
　　④ 열쇠를 비틀어 돌려 자물쇠를 열고, 열쇠를 내려놓는다.
[닫기] ⑤ 열린 자물쇠의 고리를 돌려 놓는다.
　　⑥ 다시 자물쇠 고리를 구멍 위에 맞춰 놓는다.
　　⑦ 고리 중앙을 양손으로 잡고 힘껏 누른다.
　　⑧ 자물쇠를 바구니에 담아 제자리에 가져다 놓는다.

유아의 흥미점

- 열쇠가 자물쇠 구멍에 들어가는 것
- 열쇠를 끼워 돌리면 자물쇠가 열리면서 찰칵 소리가 나는 것
- 자물쇠가 열리는 것
- 자물쇠의 고리가 움직이는 것

실수를 통한 유아의 자기 행동 정정

- 자물쇠에 알맞은 열쇠를 넣지 않아서 열리지 않는 것
- 자물쇠에 알맞은 열쇠를 넣지 않아서 자물쇠 구멍에 열쇠가 들어가지 않는 것
- 자물쇠 고리를 잘 누르지 않아서 또는 열쇠를 충분히 돌리지 않아서 잘 잠 궈지지 않는 것

활동의 변형과 응용

- 실제 문틀에 달려 있는 것을 사용해 보기
- 실제 문에 자물쇠를 잠궜다 열었다 해 보기

60) 나사 빼기와 끼우기

활동에 필요한 교구

크기가 다른 암나사와 수나사(틀에 고정되어 있는 것 또는 그냥 낱개로 된 것), 드라이버, 나사판, 쟁반, 바구니

활동의 목적

- 직접목적: 크기가 다른 암수 나사의 짝을 찾아 끼우고 뺄 수 있다.
- 간접목적: 여러 종류의 나사를 풀고 조이는 과정을 즐긴다(집중력, 독립심, 질서감, 자신감, 환경 적응 능력 증진).

대상 연령

3세 이상

제시 방법

① 유아에게 활동명을 소개한다. "나사를 빼고 끼우는 것을 해 볼 거예요."
② 교구를 책상으로 나르고 교구의 이름을 소개한다(드라이버, 나사).
   나사의 종류에 따른 드라이버 사용을 알려 준다(예: 십자형/일자형).
③ 나사판의 모양을 확인하고 같은 모양의 드라이버를 선택한다.
④ 드라이버를 나사의 홈 위에 끼우고 두 손으로 나사를 시계 반대방향으로 나사가 풀릴 때까지 돌린다.
⑤ 같은 방법으로 모든 나사를 푼다. 나사가 풀린 모습을 살펴본다.

⑥ 구멍에 맞는 나사를 찾아 끼우고 세 손가락으로 돌려 고정시킨다.

⑦ 같은 모양의 드라이버를 선택하여 나사를 시계 방향으로 돌려 끝까지 끼운다.

⑧ 드라이버를 나사판 안에 넣는다.

⑨ 교구를 제자리에 가져다 놓는다.

유아의 흥미점

- 나사들의 모양과 크기가 서로 다른 것을 보는 것
- 나사를 뺐을 때 두 개로 분리되는 것을 보는 것
- 수나사에 맞는 암나사를 고르는 것
- 세 손가락을 사용해서 나사를 풀고 조이는 것

실수를 통한 유아의 자기 행동 정정

- 병과 뚜껑이 맞지 않는 것
- 뚜껑을 반대방향으로 돌려서 닫아지지 않는 것
- 병과 뚜껑을 맞게 매칭하지 못해서 다른 뚜껑이 남는 것을 볼 때

활동의 변형과 응용

- 플라스틱 나사를 사용하기
- 파이프를 연결해서 끼우기
- 여러 가지 모양의 나사 끼우기

61) 실 감기

활동에 필요한 교구

실, 실 감을 종이(직사각형, 타원, 원형 모양의 두꺼운 종이), 이름 도장, 테이프, 작은 가위

활동의 목적

- 직접목적: 일정한 패턴에 따라서 실을 감을 수 있다.
- 간접목적: 패턴에 따라서 실을 감는 방법이 달라진다는 것을 안다(독립심, 자기조절, 집중력, 질서감, 눈과 손의 협응력 증진).

대상 연령

3세 이상

제시 방법

① 유아에게 활동명을 소개한다. "실 감기를 보여 줄게요."
② 교구를 책상으로 나르고, 실 감을 종이 모양과 실을 선택한다.
③ 종이의 뒷면에 이름 도장을 찍고 테이프로 실을 고정한다.
④ 종이의 파인 부분에 일정한 간격으로 실을 감는다.
⑤ 실을 끝까지 감았으면 테이프로 실을 뒷면에 고정하고 가위로 실을 자른다.
※ 처음에는 직사각형 틀로 한쪽만 실을 감다가 익숙해지면 여러 가지 색과 모양으로 창의적으로 만들 수 있다.

유아의 흥미점

- 반복적으로 실을 감는 것
- 실을 감으면서 생기는 일정한 모양을 보는 것

실수를 통한 유아의 자기 행동 정정

- 같은 곳에 겹쳐서 감지 않는 것, 실이 풀어지는 것

활동의 변형과 응용

- 다른 색 실을 이용하여 이중으로 감기
- 실 감는 간격을 넓히기
- 다양한 모양의 종이에 실 감기

2

자기 자신에 대한 배려

62) 옷 벗고 입기

63) 신발 신고 벗기

64) 손 씻기

65) 이 닦기

66) 머리 빗기

67) 기침, 재채기, 코 풀기

68) 지퍼 채우기

69) 단추 채우기

70) 스냅 단추 채우기

71) 벨트 채우기

72) 리본 매기

62) 옷 벗고 입기

 활동에 필요한 교구

앞이 트이고 단추가 달린 옷, 옷걸이, 행거, 책상, 전면 거울

 활동의 목적

- 직접목적: 옷의 앞뒤 모양을 구분하여 옷을 입고 벗을 수 있다.
- 간접목적: 옷을 입고, 벗고, 거는 과정에 즐겁게 참여한다(집중력, 독립심, 책임감, 자신감, 자신을 배려하는 태도 증진).

 대상 연령

2세 이상

 제시 방법

[옷 벗기]

① 교사와 아이가 마주 선다.

② 교사가 천천히 첫 단추부터 열어 아이에게도 해 보도록 한다.

③ 왼손으로 오른쪽 어깨 부분을 잡아 조금 내린다.

④ 양손을 뒤로 하여 왼손으로 오른쪽 소매 단을 잡아 당겨 오른쪽 팔을 뺀다.

⑤ 양손을 앞쪽으로 옮겨 왼손으로 잡은 소매단을 오른손으로 바꿔 잡아 왼팔을 뺀다. 이때 교사는 왼쪽 어깨 부분을 잡아 조금 내려 준다.

[옷 정리]

① 옷걸이를 가져온다.

② 옷의 앞면이 앞으로 오게 하여 벗은 옷을 책상에 펴 놓는다.

③ 옷걸이를 옷의 목선 위에 놓는다.

④ 한 손으로 한쪽의 옷걸이를 누르고 옷의 한쪽씩 옷걸이를 덮는다.

⑤ 단추는 위부터 잠근다.

⑥ 양손으로 어깨 부분을 잡아 행거나 옷장에 건다.

[옷 입기]

① 옷을 가지고 와서 책상에 펴 놓고 단추를 푼다.

② 옷걸이를 제자리에 걸어 놓는다.

③ 옷의 목부분이 아이 앞쪽으로 오도록 옷을 돌려 놓는다.

④ 소매에 오른팔을 깊숙이 넣고, 왼팔을 뒤로 빼서 왼쪽 어깨에 걸쳐 놓는다.

⑤ 팔을 머리 위로 올려 옷을 등쪽으로 보낸다.

⑥ 단추를 모두 잠근 다음, 거울 앞에 서서 옷을 단정하게 입었는지 확인한다.

유아의 흥미점

• 옷걸이에 옷을 끼우는 것, 한쪽의 어깨에서 벗기 시작해서 반대쪽의 소매를 끌어당기는 것

실수를 통한 유아의 자기 행동 정정

• 옷이 뒤집히는 것

활동의 변형과 응용

• 다양한 종류가 달린 옷(예: 지퍼)을 벗고 입는다.

202 제II부 몬테소리 일상생활영역의 실제

<옷 벗고 걸기>

<옷 입기>

63) 신발 신고 벗기

활동에 필요한 교구

신발 또는 실내화, 의자, 거울, 신발장

활동의 목적

- 직접목적: 신발의 좌우를 구별하여 바르게 신고 벗을 수 있다.
- 간접목적: 신발을 스스로 신고, 벗고, 정리하는 태도를 기른다(집중력, 독립 심, 책임감, 자신감, 자기 조절 능력, 자신을 배려하는 태도 증진).

대상 연령

2.5세 이상

제시 방법

[신발 벗기]

① 유아에게 활동명을 소개한다. "신발을 신고 벗는 방법을 보여 줄게요." 신발 벗을 장소에서 의자에 두 발을 모으고 앉는다.

② 앉은 자세에서 허리를 굽혀 신발의 벨크로(찍찍이) 등을 떼어 낸다.

③ 한쪽 손으로 신발의 뒷부분을 잡아 벗긴다.

④ 한 손은 신발의 앞쪽을, 한 손은 뒤쪽을 잡아 벗긴다.

⑤ 앞과 동일한 방법으로 다른 쪽의 신발도 벗는다.

⑥ 신발을 모아 잡고 먼지를 턴다.

⑦ 신발장에 넣는다.

[신발 신기]

① 신발을 신발장에서 들고 와 발판 앞에 놓는다.

② 한쪽 발을 신발에 넣고 한 손으로 신발의 뒤꿈치를 당겨 발 뒤꿈치를 넣는다.

③ 신발의 장신구를 정리한다.

<신발 벗기>

 유아의 흥미점

- 신발의 스티커, 종류에 따른 벗고 신는 법, 신발 종류에 따른 신발 정리법

 실수를 통한 유아의 자기 행동 정정

- 왼쪽과 오른쪽을 바꾸어 신음, 끈이나 찍찍이가 잘 맞지 않는 것

 활동의 변형과 응용

- 양말 신고 벗기

64) 손 씻기

 활동에 필요한 교구

큰 피처, 손을 씻을 수 있는 대야, 스펀지, 손타월, 비누, 비누곽, 손톱 닦는 솔, 앞치마, 양동이, 로션

 활동의 목적

- 직접목적: 일정한 순서에 따라 손을 씻을 수 있다.
- 간접목적: 손을 청결히 함으로써 일상생활의 적응 능력을 기른다(집중력, 독립심, 책임감, 의식적인 근육 조절 능력 증진).

대상 연령

2.5세 이상

제시 방법

① 유아에게 활동명을 소개한다. "손을 어떻게 씻는지 보여 줄게요."
   앞치마를 입는다.
② 손 닦기 책상에 교구를 놓아 두고 소개한다.
③ 피처에 물을 떠 온다.
④ 대야의 가운데를 향해 조심히 물을 붓고 피처의 주둥이를 스펀지로 닦는다.
⑤ 두 손을 가지런히 물 속에 넣고 손바닥을 먼저 적시고 손등을 적신다. 손을 마주 모아 손끝의 물이 다 떨어지기를 기다린다.

⑥ 비누를 집어 들어 다른 손의 손바닥에 원의 동작으로 문지른다.

⑦ 손바닥과 손등을 문질러 비벼 거품을 내고 손목을 닦는다.

⑧ 왼손 엄지를 살짝 잡아서 돌리며 비벼 닦는다.

⑨ 다른 손가락들도 같은 방법으로 닦는다.

⑩ 손톱 닦는 솔로 손톱에 낀 때를 닦는다.

⑪ 대야에 손을 담그고 손바닥, 손등, 손가락 사이 사이를 비비면서 헹군다.

⑫ 물을 버리고 새 물을 부은 후에 양손을 헹군다.

⑬ 타월에 손바닥과 손등을 닦고 손가락을 하나씩 닦는다.

⑭ 물을 버리고 대야를 닦는다. 주위에 흘린 물을 닦는다.

⑮ 로션을 바르고 손타월을 새 것으로 갈아 놓는다.

⑯ 앞치마를 벗고 교구를 정리한다.

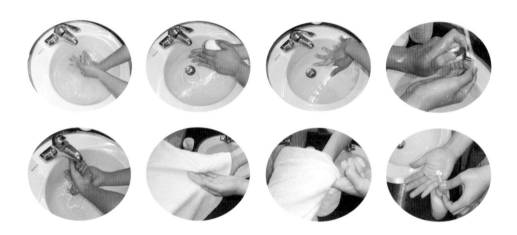

유아의 흥미점

• 피처에 물을 떠 오는 것, 대야에 물을 붓는 것

• 대야에 물을 따를 때 나는 소리, 물에 손을 담그는 것

• 비누를 만질 때의 감촉, 비누의 모양, 색, 냄새를 느끼는 것

• 비누거품이 나는 것

- 손을 씻은 후에 깨끗해진 손을 보는 것
- 손가락 하나하나를 돌려서 닦는 것
- 손을 닦고 나서 물이 더러워진 것을 보는 것
- 로션을 바르는 것

실수를 통한 유아의 자기 행동 정정

- 물을 쏟아 흘린 것을 보는 것
- 비누를 떨어뜨릴 때
- 비누 묻은 손을 완벽히 씻어내지 않아서 미끌거리는 것
- 손을 닦았는데 손의 때가 남아 있는 것을 볼 때

활동의 변형과 응용

- 세면대에서 씻기
- 대야 대신 세면대를 이용하기
- 피처 대신 수도꼭지를 열고 잠그기
- 양동이 대신 세면대 마개를 열고 닫기
- 친구의 손을 씻어 주기

65) 이 닦기

 활동에 필요한 교구

개인용 칫솔, 거울, 치약, 주전자, 컵, 양동이, 수건, 걸레

활동의 목적

- 직접목적: 이를 바르게 닦을 수 있다.
- 간접목적: 이를 청결하게 닦는 태도를 기른다(집중력, 독립심, 책임감, 일상생
  활 적응 능력과 근육 조절 능력 증진).

 대상 연령

2.5세 이상

 제시 방법

① 유아에게 활동명을 소개한다. "오늘은 이 닦는 방법을 보여 줄게요."
② 치약 뚜껑을 열어 칫솔에 적당량을 묻힌 후에 뚜껑을 닫는다.
③ 주전자의 물을 컵의 선까지 따라 놓는다.
④ 이를 위에서 아래로 칫솔을 회전시키며 닦는다. 어금니 안쪽, 앞니 바깥쪽,
  앞의 안쪽을 닦는다.
⑤ 잇면에 칫솔을 직각으로 세워 앞뒤로 닦는다.
⑥ 혓바닥을 닦는다.
⑦ 물로 입 안을 헹구어 양동이에 버린다.

⑧ 칫솔을 헹군다.

⑨ 수건으로 입 주위의 물기를 닦는다.

⑩ 거울을 본다.

⑪ 칫솔과 치약 등 주위를 정리한다.

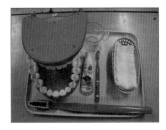

🌙 유아의 흥미점

- 칫솔 쥐는 법
- 치약을 짜는 것

실수를 통한 유아의 자기 행동 정정

- 치약을 많이 짜서 흘리는 것
- 치약을 중간에서 짜는 것

66) 머리 빗기

 활동에 필요한 교구

전신 거울, 책상 위에 세워 둘 수 있는 거울, 손 거울, 빗, 스카프, 티슈, 종이봉투

활동의 목적

- 직접목적: 머리의 앞, 뒤, 옆에 따라서 골고루 빗을 수 있다.
- 간접목적: 머리를 바르게 빗고 뒷정리하는 과정을 이해한다(독립심, 책임감, 청결함, 자신을 배려하는 태도 증진).

 대상 연령

2~4세 이상

제시 방법

① 유아에게 활동명을 소개한다. "머리를 어떻게 빗는지 알려 줄게요."
② 교구를 책상 위에 놓고 의자에 앉는다. 빗, 티슈를 한 장 꺼내어 거울 앞에 놓는다.
③ 거울 보는 법을 설명해 준다(거울의 종류에 맞게 설명해 줌).
　"이것은 벽에 부착되어 있는 거울인데 ○○○의 얼굴이 잘 보이게 가까이 가서 머리를 빗을 거예요."
④ 빗으로 머리의 앞, 뒤, 옆을 골고루 빗은 뒤 거울을 보면서 머리가 잘 빗어진 것을 확인한다.

⑤ 머리를 빗었던 빗은 티슈 위에 놓은 뒤에 닦는다.

⑥ 주변에 떨어진 머리카락을 주워서 티슈에 놓고 접어서 쓰레기통에 버린다.

⑦ 사용했던 머리 빗기 교구들을 제자리에 정리하여 마무리한다.

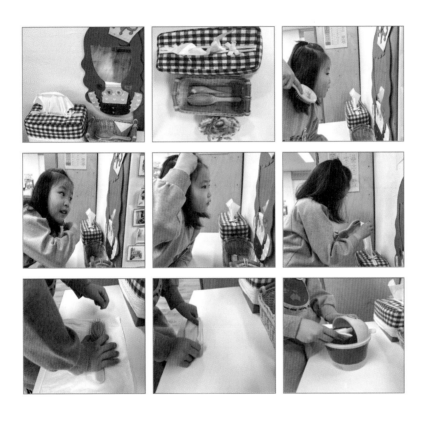

유아의 흥미점

• 거울 보는 것, 스카프 매기, 머리 빗기

실수를 통한 유아의 자기 행동 정정

• 머리카락이 엉켰을 때

67) 기침, 재채기, 코 풀기

 활동에 필요한 교구

휴지, 휴지통, 거울

 활동의 목적

- 직접목적: 올바른 방법으로 기침과 재채기, 코 풀기를 할 수 있다.
- 간접목적: 기침과 재채기, 코 푸는 방법을 안다(집중력, 독립심, 책임감, 청결감,
  자신을 배려하는 태도 증진).

 대상 연령

2.5세 이상

 제시 방법

◇ 개인 또는 집단으로 제시

[기침]

① 아동을 불러 활동명을 알려 준다.

 "오늘은 선생님이 기침이 나올 때 어떻게 하는지 보여 줄게요."

② 한 손을 컵 모양으로 만들어 입 근처로 가지고 간다.

③ 고개를 약간 들어 기침한다.

④ 손 씻는 곳으로 가서 손을 씻는다("손은 왜 씻을까?" 감기에 걸리게 하는 나쁜

균이 손에 묻으면 손이 더러워지고 친구들에게 병균이 전해지므로 손을 깨끗이 씻어야 해요).

[재채기]

① 아동을 불러 활동명을 알려 준다.

"오늘은 선생님이 재채기가 나올 때 어떻게 하는지 보여 줄게요."

② 한 손을 컵 모양으로 만들어 입 근처로 가지고 간다.

③ 고개를 약간 들어 기침한다.

④ 휴지를 꺼내 휴지로 코 밑을 닦은 후에 휴지통에 버린다.

⑤ 세면대에 가서 손을 씻는다(화장실 사용하기에 나옴).

[코 풀기]

① 휴지 1장을 뽑아서 책상 위에 펼쳐 놓는다.

② 휴지 아래 자락을 위로 가게 반을 접는다.

③ 양쪽 손바닥에 휴지를 놓고 양쪽 엄지손가락으로 휴지 위를 잡도록 한다.

④ 코로 가져가서 한쪽만 눌러 코를 '흥' 하고 푼다.

⑤ 코를 닦으면서 반으로 접는다.

⑥ 반 접힌 휴지를 양쪽 손바닥에 올리고 엄지손가락을 위로 가게 늘린 후에 반대편 코를 잡고 '흥' 하고 푼다.

⑦ 코 밑을 닦은 후에 다시 반으로 접는다.

⑧ 다시 코 밑을 한 번 닦는다.

⑨ 휴지를 말아서 휴지통에 버린다.

⑩ 거울을 본다.

유아의 흥미점

• 코를 풀 때 '흥' 하고 소리가 나는 것

<코 닦기 순서>

실수를 통한 유아의 자기 행동 정정

- 재채기 준비를 했는데 나오지 않고 그다음에 할 때

활동의 변형과 응용

- 상대방 코 닦아 주기
- 동생 코 닦아 주기

68) 지퍼 채우기

 활동에 필요한 교구

지퍼 옷틀

 활동의 목적

- 직접목적: 순서에 따라서 지퍼를 바르게 열고 닫을 수 있다.
- 간접목적: 옷의 지퍼를 채우는 과정에 관심을 갖는다(질서감, 집중력, 독립심,
  인내력, 일상생활 적응 능력 증진).

 대상 연령

2.5~4세

 제시 방법

① 지퍼 옷틀을 양손으로 바르게 들고 매트나 책상 중앙에 놓는다.
② 왼손으로 왼쪽 천의 윗부분을 누르고, 오른손 세 손가락으로 지퍼의 고리
　를 잡는다.
③ 지퍼 고리를 천천히 아래로 내린다.
④ 지퍼가 열리는 것만큼 왼손으로 왼쪽 천을 누르며 밑으로 내려 온다.
⑤ 왼손으로 왼쪽 천의 아랫부분을 엄지가 위로, 검지와 중지는 천의 아랫부
　분의 안쪽을 잡는다.
⑥ 오른손 엄지는 지퍼 고리의 위를, 검지와 중지는 천의 밑 안쪽으로 넣어 지

퍼를 잡는다.

⑦ 왼손을 위로, 오른손을 아래로 당겨서 지퍼의 물림새를 뺀다.

⑧ 양손을 사용하여 천이 젖혀지는 것을 보여 주고, 천을 원래대로 덮는다.

⑨ 오른손 엄지는 지퍼 위를, 검지와 중지는 천의 밑 안쪽으로 넣어 지퍼를 잡는다.

⑩ 왼손 세 손가락으로는 반대편 지퍼의 물림새를 잡는다.

⑪ 왼손의 물림새를 오른손의 지퍼 고리에 완전히 밀어 넣어 물림새가 지퍼 고리에 꽉 물리도록 한다.

⑫ 오른손으로 지퍼 고리를 잡고 조금씩 위로 올린다.

⑬ 왼손은 오른손이 지퍼를 올린만큼 손의 위치를 올려 왼쪽 천을 눌러 준다.

⑭ 지퍼 고리를 내려 놓는다.

유아의 흥미점

- 지퍼가 채워지는 모습
- 지퍼의 색, 재질 모습을 보는 것
- 지퍼를 풀었을 때 헝겊이 열어지는 것

실수를 통한 유아의 자기 행동 정정

- 지퍼를 끝까지 당기지 않아서 잘 풀리지 않는 것

활동의 변형과 응용

- 실제 옷의 지퍼 채우기
- 인형 옷 지퍼 채우기
- 크기와 모양이 다양한 지퍼 열고 닫기

69) 단추 채우기

 활동에 필요한 교구

한쪽에는 단추가 달려 있고, 한쪽에는 단추구멍이 있는 헝겊이 있는 정사각형의 나무 옷틀

 활동의 목적

- 직접목적: 순서에 따라서 단추를 바르게 열고 채울 수 있다.
- 간접목적: 일상생활의 적응 능력을 기른다(집중력, 독립심, 인내력, 질서감, 쓰기 활동의 간접적인 준비도 증진).

 대상 연령

2.5세

 제시 방법

① 유아에게 활동을 소개한다. "단추를 채우는 방법을 보여 줄 거예요."
② 옷틀의 테두리를 양손으로 바르게 들고 매트나 책상의 중앙에 가져다 놓는다.
③ 왼쪽 단추 옆의 헝겊을 살짝 누르듯이 잡아당기고, 오른손으로 단추를 잡아당겨서 단추를 분리한다.
④ 같은 방법으로 단추를 모두 푼다.
⑤ 오른손으로 헝겊 위를 잡고, 왼손으로 헝겊 아래를 잡고서 오른쪽 헝겊은 오른쪽으로, 왼쪽 헝겊은 왼쪽으로 열어서 제친다(옷틀이 풀어졌음을 본다).

⑥ 다시 왼쪽 헝겊부터 헝겊을 닫고 오른손 1, 2번째 손가락으로 오른쪽 헝겊의 맨 위 단추 옆의 포개지는 부분을 잡는다.

⑦ 잡은 헝겊을 살짝 제친다.

⑧ 왼쪽 2번째 손가락으로 오른쪽 헝겊을 제쳐서 보이는 단추와 오른쪽의 끼울 단추를 가르켜 짚어 신호를 준다.

⑨ 오른쪽 손가락으로 오른쪽 단추 헝겊 옆을 누른다.

⑩ 왼쪽 헝겊에 있는 단추를 향해 맞추어 포갠다.

⑪ 오른손 2번째 손가락으로 꼭 누른다.

⑫ 같은 방법으로 단추를 모두 잠근다.

⑬ 옷틀을 자리에 가져다 둔다.

⑭ 매트를 정리한다.

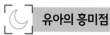

유아의 흥미점

- 단추를 모두 풀었을 때 헝겊이 분리되어 열어지는 것
- 단추를 모두 채웠을 때 헝겊이 합쳐져서 열어지지 않는 것

실수를 통한 유아의 자기 행동 정정

- 단추를 끼울때 엇갈려서 끼운 것을 볼 때
- 단추가 구멍에 잘 들어가지 않을 때

활동의 변형과 응용

- 실제 옷의 단추 채우기(자기 옷, 친구 옷)
- 인형 옷 단추 채우기, 크기가 다른 단추를 사용하기

70) 스냅 단추 채우기

 활동에 필요한 교구

스냅 단추(똑딱단추)가 있는 옷감이 맞추어진 정사각형 나무틀

활동의 목적

- 직접목적: 순서에 따라서 스냅 단추(똑딱단추)를 바르게 열고 채울 수 있다.
- 간접목적: 눈과 손의 협응력, 집중력, 질서감, 독립심을 기른다.

 대상 연령

2.5세 이상

 제시 방법

① 스냅 단추틀을 양손으로 바르게 들고 매트나 책상의 중앙에 가져다 놓는다.
② 왼쪽 단추 옆을 누르고 오른손으로 헝겊을 잡아 당겨 단추를 분리한다.
③ 같은 방법으로 단추를 모두 푼다.
④ 오른손으로 헝겊 위를 잡고 왼손으로 헝겊 아래를 잡아 오른쪽 헝겊은 오른쪽으로, 왼쪽 헝겊은 왼쪽으로 열어서 제친다.
⑤ 오른손 2번째 손가락으로 틀의 안을 훑는다.
⑥ 다시 왼쪽 헝겊부터 위는 오른손으로, 아래는 왼손으로 잡고 닫는다.
⑦ 오른손 헝겊을 중앙으로 가져온다.
⑧ 오른손 1, 2번째 손가락으로 오른쪽 헝겊의 맨 위 단추 옆의 포개지는 부

분을 잡는다.

⑨ 잡은 헝겊을 살짝 뒤로 제친다.

⑩ 왼쪽 2번째 손가락으로 오른쪽 헝겊을 제치고 보이는 단추와 오른쪽의 끼울 단추를 가르켜 짚어 신호를 준다.

⑪ 오른쪽 손가락으로 오른쪽 단추 헝겊 옆을 누른다.

⑫ 왼쪽 헝겊에 있는 단추를 향해 맞추어 포갠다.

⑬ 오른손 2번째 손가락으로 꼭 누른다.

⑭ 같은 방법으로 단추를 모두 잠근다.

⑮ 스냅 단추틀을 제자리에 가져다 둔다.

 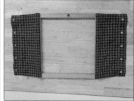  

유아의 흥미점

- 단추를 채울 때 '똑' 소리가 나는 것
- 단추를 모두 풀었을 때 헝겊이 분리되어 열어지는 것
- 단추를 모두 채웠을 때 헝겊이 합쳐져서 열어지지 않는 것

실수를 통한 유아의 자기 행동 정정

- 양쪽의 단추가 어긋나 채워지지 않는 것
- 단추의 짝이 엇갈려서 전체의 모양이 삐뚤어진 것을 보는 것

활동의 변형과 응용

- 실제 옷 똑딱단추 채우기
- 인형 옷 똑딱단추 채우기

71) 벨트 채우기

 활동에 필요한 교구

한쪽 옷감에는 벨트 쇠장식이 있고, 한쪽 옷감에는 벨트 쇠고리(핀)가 있는 30×30cm 크기의 정사각형 나무 옷틀, 매트

 활동의 목적

- 직접목적: 순서에 따라 벨트를 바르게 열고 채울 수 있다.
- 간접목적: 일상생활의 복장 예절에 관심을 갖는다.

 대상 연령

3세 이상

 제시 방법

① 옷틀을 양손으로 바르게 들고 매트나 책상으로 가져온다.
② 왼손으로 왼쪽의 가죽 고리 끝을 잡고 버클을 머리 쪽으로 밀어 올린다.
③ 오른손 엄지, 인지로 가죽고리에서 끈을 들어 올려 뺀다.
④ 오른손으로 가죽 끈을 오른쪽으로 당긴다.
⑤ 왼손 엄지, 인지로 핀을 구멍에서 빼낸다.
⑥ 왼손으로 버클을 왼쪽으로 향하게 한다.
⑦ 오른손 엄지, 인지로 가죽 끈을 버클에서 빼낸다.
⑧ 왼손 엄지, 인지로 버클을 왼쪽으로 향하게 한다.

⑨ 오른손 엄지, 인지로 끈을 쥐고 왼손으로 버클을 쥐고 오른쪽 끈을 밀어 넣는다.

⑩ 왼손으로 왼쪽의 가죽 끈을 잡고, 오른손 엄지, 인지로는 버클 머리를 오른쪽으로 눕힌다.

⑪ 구멍과 핀에 왼손 인지로 신호를 주고, 왼손 인지로 핀을 구멍에 밀어 넣는다.

⑫ 가죽 끈을 오른손 엄지, 인지로 잡고 고리에 밀어 넣는다.

⑬ 같은 방법으로 나머지를 계속한다.

⑭ 옷틀을 제자리에 가져다 놓는다.

⑮ 매트는 매트 놓는 곳에 가져다 놓는다.

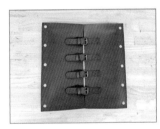  

유아의 흥미점

- 벨트 핀을 뽑아서 옆으로 제쳐 눕혀 놓는 것
- 벨트를 모두 풀었을 때 헝겊이 분리되는 것
- 벨트를 모두 끼웠을 때 헝겊이 다시 합쳐지는 것
- 구멍으로 핀을 넣는 것

실수를 통한 유아의 자기 행동 정정

- 벨트 핀의 구멍을 잘 맞추지 않아서 구멍에 잘 들어가지 않은 것
- 벨트 가죽을 고리에서 빼지 않고 그대로 고리를 빼려고 하는 것
- 벨트를 채운 후에 벨트 핀이 구멍으로 나와 있지 않은 것

활동의 변형과 응용

- 실제 옷으로 벨트 채우기
- 인형 옷으로 벨트 채우기

72) 리본 매기

활동에 필요한 교구

양쪽 헝겊에 5개의 리본 끈이 달려 있는 정사각형 나무 옷틀

활동의 목적

- 직접목적: 순서에 따라 리본을 바르게 맬 수 있다.
- 간접목적: 일상생활의 적응 능력을 기른다(집중력, 독립심, 책임감, 쓰기의 간접
  준비).

대상 연령

5세

제시 방법

① 리본틀을 양손으로 바르게 들고 매트나 책상으로 가져온다.
② 왼손은 왼쪽 리본 끈, 오른손은 오른쪽 리본 끈을 잡고 동시에 잡아당겨서
   양쪽으로 길게 펴 놓는다.
③ 나머지 4개의 끈도 마찬가지로 길게 펴 놓는다.
④ 왼손으로 리본 아래 헝겊을 누르고, 오른손 검지로 묶인 리본 고리를 잡고
   들어 올려서 우측으로 길게 펴 놓는다.
⑤ 밑에 있는 끈 4개도 같은 방법으로 길게 펴 놓는다(오른쪽으로 두 줄이 나란히
   놓임).

⑥ 끈 두 개 중 위의 끈을 왼손으로 잡고 왼쪽으로 길게 편다.

⑦ 옷틀의 2분의 1 정도 되는 지점에서 오른손은 오른쪽 끈, 왼손은 왼쪽 끈을 잡고 위로 올려서 두 리본 끈이 교차되게 한다.

⑧ 교차되는 지점을 왼손 엄지로 누르고 오른손은 리본에서 손을 뗀다.

⑨ 오른손 엄지와 검지를 교차가 된 안쪽으로 넣어 오른쪽 리본 끈을 앞으로 잡아 빼고, 양쪽으로 편다.

⑩ 왼손 2, 3번째 손가락으로 오른쪽 리본 중간을 잡고 왼쪽으로 잡아당기며 검지와 중지로 고리를 만든다.

⑪ 오른손 엄지와 검지로 왼손이 잡았던 리본을 꼭 잡는다.

⑫ 왼손으로 왼쪽 리본의 고리 위로 수직으로 내린다. 오른쪽 엄지로 왼쪽 끈을 누르고, 왼손으로 왼쪽 끈을 오른쪽 끈으로 돌려 만든 동그라미 속으로 밀어 넣는다.

⑬ 양쪽 리본 끈의 끝을 잡아당기며 꼭 묶는다.

⑭ 묶인 리본을 예쁘게 정리한다.

⑮ 나머지 4개도 같은 방법으로 한다.

유아의 흥미점

- 리본이 매어진 모습, 끈을 당겼을 때 리본이 풀어지는 모습, 옷감, 리본의 색, 재질을 보는 것
- 리본을 모두 풀었을 때 헝겊이 분리되어 열어지는 것
- 리본을 모두 매었을 때 합해져서 열어지지 않는 것
- 엑스(×)자 모양으로 교차시키면서 리본을 매는 것

실수를 통한 유아의 자기 행동 정정

- 끈을 풀 때 끝까지 당기지 않아서 리본 끈이 잘 풀리지 않는 것

- 리본 매기 과정에서 순서를 잘못해서 리본의 모양이 만들어지지 않는 것
- 끈의 짝이 맞지 않게 리본을 매었을 때 리본의 모양이 예쁘게 만들어지지 않는 것

활동의 변형과 응용

- 실제 옷 리본 매기
- 인형 옷 리본 매기
- 머리끈 리본 매기

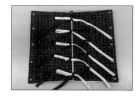

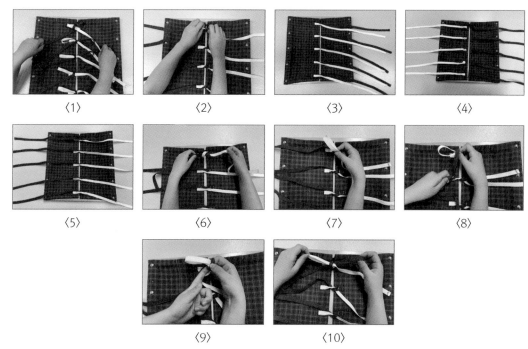

〈1〉 〈2〉 〈3〉 〈4〉

〈5〉 〈6〉 〈7〉 〈8〉

〈9〉 〈10〉

3

사회 적응

73) 날카로운 물건 주고받기   76) 상황에 알맞은 인사 나누기

74) 문 열고 닫기   77) 타인의 작업 과정 관찰하기

75) 대면 인사 나누기

73) 날카로운 물건 주고받기

활동에 필요한 교구

가위, 펜, 연필, 바늘, 뜨개바늘, 포크 등

활동의 목적

- 직접목적: 날카로워서 타인에게 상해를 입을 수 있는 물건을 안전하게 주고 받을 수 있다.
- 간접목적: 타인을 존경하고 배려하는 태도를 기른다(집중력, 독립심, 사회성, 의식적인 근육 움직임 조절 능력 증진).

대상 연령

3세 이상

제시 방법

◇ 개인 혹은 소그룹 활동으로 유아들에게 쥐는 법, 건네는 법을 보여 준다.

[가위]
가위의 날쪽 밑을 아래로 가게 하여 왼손 엄지와 검지로 날부분을 잡고, 오른손으로 위를 감싸 쥔 다음 상대방이 손잡이의 윗부분을 잡게 하여 건네 준다.

[연필]
심을 아래로 향하게 해서 반보다 아래를 잡고 뾰족한 심쪽을 아래로 향하게 해

서 상대방에게 건넨다.

[바늘, 뜨개바늘 등]

바늘의 끝을 아래로 하여 뾰족한 부분을 양손 세 손가락으로 잡고 바늘 윗부분을 상대방이 쥔 것을 확인한 후에 놓는다.

유아의 흥미점

• 다치지 않도록 위험한 부분을 아래로 향하게 해서 주는 방법

실수를 통한 유아의 자기 행동 정정

• 가위, 칼을 떨어뜨렸을 경우

활동의 변형과 응용

- 그 밖에 끝에 뾰족한 날이 있는 물건으로 주고받기를 한다. 반에서 쓰는 물 건들, 선물의 주고받기 등이다.

74) 문 열고 닫기

 활동에 필요한 교구

손잡이가 달린 문

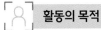 **활동의 목적**

- 직접목적: 안전하고 예의 바르게 문을 여닫을 수 있다.
- 간접목적: 일상생활 훈련을 통해 독립심, 질서감, 집중력을 기른다.

 대상 연령

3~6세 이상

 제시 방법

- 사전활동: 유아들과 함께 문을 조심스럽게 열고 닫아야 하는 이유에 대하여 이야기 나눈다.

예)"문을 부주의하여 열고 닫을 때 어떤 일들이 생길 수 있을까?"

① 유아를 불러 문이 있는 곳으로 같이 걸어 간다.

② "문을 열어 보자"라고 말한 후, 유아의 시선을 문의 손잡이로 모은다.

③ 왼손 바닥을 문의 손잡이 바로 위쪽에 살짝 대어 받치고 오른손으로 손잡이를 잡는다.

④ 손잡이를 시계 방향으로 끝까지 돌려서 문을 연 다음에 손잡이에서 손을 떼고 걸쇠가 튀어나오는 것을 바라본다.

⑤ 다시 오른손으로 손잡이를 잡고 몸쪽으로 당기면서 뒤로 서너 걸음 물러선다.

⑥ 몸이 빠져 나갈 수 있을 정도로 문을 연 후, 잠시 문고리에서 손을 떼고 열려 있는 공간을 바라본다.

⑦ "이제 문을 닫아 보자"라고 말한 후, 문을 열 때와 같은 방법으로 왼손 바닥을 문의 손잡이 위쪽에 살짝 대고 오른손으로 손잡이를 잡고 서너 걸음 앞으로 걸어간다.

⑧ 손잡이를 시계 방향으로 끝까지 돌리면서 문을 가만히 밀어 닫은 후에 손잡이에서 손을 뗀다.

유아의 흥미점

- 손잡이의 모양, 손잡이를 잡을 때의 차가운 감촉을 느끼는 것
- 왼손 바닥을 문에 대지 않아서 갑자기 문이 열리는 것을 느낄 때
- 문 여닫는 소리가 크게 들릴 때
- 손을 다치거나 다른 아동과 부딪힐 때

실수를 통한 유아의 자기 행동 정정

- 손잡이를 완전히 돌리지 않아서 문이 열리지 않는 것을 볼 때
- 왼손 바닥을 문에 대지 않아서 갑자기 문이 열리는 것을 느낄 때
- 문 여닫는 소리가 크게 들릴 때
- 손을 다치거나 다른 아동과 부딪힐 때

활동의 변형과 응용

- 미닫이문 열기, 자동차 문 열기, 창문 열기 등

<여닫이문 열고 달기>

<미닫이문 열기>

<미닫이문 닫기>

75) 대면 인사 나누기

활동에 필요한 교구

유아들이 모일 수 있는 공간

활동의 목적

- 직접목적: 여러 사람과 만났을 때 예절에 맞게 인사할 수 있다.
- 간접목적: 대상과 상황에 알맞은 예의 바른 태도를 기른다(독립심, 사회성, 타인과의 교제 능력, 자기 조절 능력 증진).

대상 연령

2.5세 이상

제시 방법

[개인 또는 집단으로 제시]

- 사전활동: 바깥에서 이웃 어른이나 선생님을 만났을 때 어떻게 해야 할지에 대하여 유아들과 토론하는 기회를 갖는다.

[제시 1] (웃어른이나 선생님을 만났을 때)

등을 곧게 펴고 선다.

두 발꿈치를 모으고 양손을 자연스럽게 내려놓는다.

조용히 상체를 굽히면서 동시에 손바닥이 가볍게 무릎에 닿도록 한다.

부드럽고 미소를 띤 표정을 지으며 "안녕하세요?"라고 말한다.

조용히 상체를 펴면서 손을 자연스럽게 양옆으로 가져간다.

[제시 2] (어른이나 형, 누나들을 만났을 때)

등을 곧게 펴고 똑바로 선다.

똑바로 선 자세에서 머리를 30, 40도 정도 숙이며 인사를 한다.

부드럽고 미소를 띤 표정으로 "안녕하세요?"라고 말한다.

다시 고개를 바로 하고 똑바로 선다.

[제시 3] (친구나 아랫사람을 만났을 때)

등을 곧게 펴고 바르게 선다.

약간 고개를 숙이며 부드럽게 미소를 띤 표정으로 "안녕?"이라고 말한다.

상대방에게 손바닥이 보이도록 손을 들어 좌우로 흔든다.

유아의 흥미점

- 인사를 하면서 상대방의 얼굴 표정을 보는 것
- 손을 앞으로 가지런히 모으며 인사하는 것
- 서로 인사를 주고받음으로써 느끼는 좋은 기분

활동의 변형과 응용

- 악수하기, 세계 여러 나라의 인사법, 상황에 따라 다른 인사말을 사용하여 인사하기, 지리 공부에 들어갈 때 나라에 따라서 다른 인사가 있는 것을 알려 줌, 우리나라 전통 예절에서의 절하는 방법 등을 배운다.
- 모자를 벗고 하는 인사, 사람들 사이의 인사 방법, 보이스카우트, 걸스카우트, 재판 때, 종교적 의식 때, 아침, 저녁, 밤의 인사말, 생일, 크리스마스 등 때의 인사말, 자기소개의 말을 익힌다.

<인사>   <악수>

<선생님을 만났을 때>

76) 상황에 알맞은 인사 나누기

"감사합니다"

활동의 목적

- 직접목적: 상황과 대상에 따른 인사 예절을 표현할 수 있다.
- 간접목적: 상황과 대상에 따른 올바른 인사 방법에 대해 이해한다(집중력, 독립심, 책임감, 사회성 발달).

대상 연령

2~4.5세

제시 방법

◇ 신학기나 간식 시간 등이 좋다.

① 상대방으로부터 물질적 선물을 받았을 경우나 배려나 호의를 받았을 때 "감사합니다"라고 말한다.

② 상대방이 무언가를 해 주거나 도와주었을 때는 "고맙습니다" "고마워"라고 말한다.
   상대방은 "천만에, 괜찮아"라고 말한다.

③ 상대방이 자리를 양보해 줬을 때에도 "고맙습니다"라고 말한다.

유아의 흥미점

• "감사합니다" "고맙습니다" "괜찮아"를 리듬 있게 말하는 것

활동의 변형과 응용

• 상황에 따른 인사를 한다.

"미안합니다" "실례합니다"

제시 방법

① 친구나 선생님이 아직 식사 중인데 자기의 자리에서 일어나고 싶을 때는 "실례합니다"라고 말한다.
② 모두가 즐겁게 이야기하고 있을 때, 말을 걸고 싶을 때는 "실례합니다"라고 말한다.
③ 둘이 이야기하고 있을 때, 그중의 한 사람에게 용무가 있을 때는 정중히 "미안합니다."라고 말한다.
④ 사람들 앞을 지나갈 때(친구들이 줄을 서 있는데 그 앞을 지나가야 할 때)는 "실례합니다"라고 말한다.
⑤ 사람과 부딪혔을 때는 "미안합니다"라고 말한다.

 유아의 흥미점

• 실례했을 때 예를 들면 부딪힘, 식사 때, 이야기 중에 말을 가로채야 할 경우 등에 이런 말 한마디로 상대방에게 솔직한 자기의 의지를 전달한다.

활동의 변형과 응용

- 여러 가지 상황을 역할극 하기, 놀이터: 놀이기구를 탈 때, 다른 사람 앞을
  지날 때, 계단 오르고 내릴 때, 타인의 일을 볼 경우 등에는 적절한 인사를
  한다.

77) 타인의 작업 과정 관찰하기

활동에 필요한 교구

상황에 따라 준비함

활동의 목적

- 직접목적: 친구의 작업을 관찰하고자 할 때 적절히 양해를 구할 수 있다.
- 간접목적: 친구의 작업과 공간을 존중하는 태도를 기른다(독립심, 집중력, 사회성, 자기 조절 능력 증진, 정숙에 대한 훈련).

대상 연령

2~4.5세

제시 방법

[다른 사람의 작업을 보고 싶을 때]

① (친구가 작업하는 과정에 관심이 갈 때) 작업 중에 있는 아동에게 다가간다.

② "지금 하고 있는 작업을 내가 봐도 될까?"라고 묻는다.

③ 그 아동이 "응, 좋아!"라고 한다면 의자를 가져와서 작업을 하고 있는 아동이 방해되지 않는 위치에 의자를 놓고 보거나 선 채로 조용히 관찰한다(교구에는 절대로 손을 대지 않는다).

유아의 흥미점

• 교구에 손을 대지 않고 조용히 쳐다보는 것, 다른 사람의 일을 보는 그 자체가 흥미롭다.

실수를 통한 유아의 자기 행동 정정

• 소리를 내는 것, 너무 가까이에서 보는 것

활동의 변형과 응용

• 야외에서 동물을 관찰할 때

4

자기 운동 및 조절

78) 선 위 걷기　　　　　　80) 정숙의 훈련 B

79) 정숙의 훈련 A

78) 선 위 걷기

활동에 필요한 교구

아이들이 모두 모일 수 있는 정도 크기의 타원형 모양의 색 테이프를 붙인 공간, 조심스러운 물건(국기, 분홍탑, 종, 콩 주머니, 물이 담긴 컵 등)이 담긴 쟁반이나 바구니

활동의 목적

- 직접목적: 선 따라 신체를 조절하여 걸을 수 있다.
- 간접목적: 발 끝 움직임에 주의를 기울여 신체 균형을 조절할 수 있다(집중력, 감정 조절, 주의력, 올바른 자세와 정숙 게임 준비 능력 증진).

대상 연령

2.5세 이상

제시 방법

1) 선 따라 걷기

- 아이를 초대해서 자연스럽게 바닥 선을 따라 보통 걸음으로 천천히 침착하게 걷는다.
- 몇 명의 아이를 초대해서 같이 걷는다.

2) 발 붙여 걷기

• 선 위를 걸을 때 앞쪽 발의 뒤꿈치와 뒤쪽 발의 앞부분이 맞닿도록 하며 걷는다.

3) 물건 들고 걷기

• 한 손에 물건이 담긴 바구니에서 국기를 꺼내어 들고 걷는다.

• 선 따라 돌고 와서 제자리에 놓는다.

• 양손에 각각 국기를 들고 걷는다.

• 교구를 들고 선을 따라 걷는다.

• 종을 들고 선을 따라 걷되 종소리가 나지 않도록 걷는다.

• 색 물을 유리컵에 채워 들고 걷는다.

• 머리 위에 콩 주머니 같은 것을 얹고 선을 따라 걷는다.

• 분홍탑 또는 색 원기둥을 2~3개 쌓아 들고 떨어뜨리지 않도록 조심히 선을 따라 걷는다.

유아의 흥미점

- 앞 아이와 거리 간격을 두는 것
- 선, 뒤꿈치가 발가락에 닿는 감각을 느끼는 것

실수를 통한 유아의 자기 행동 정정

- 선에서 이탈됨, 균형을 잡음, 떨어뜨림, 엎지름, 소리가 나는 것

활동의 변형과 응용

- 선 위를 걷다가 교사의 지시에 따라 반응하기(제자리에 앉기, 뒤돌아 방향 바꾸기, 한발로 서기, 그대로 멈추기 등)
- 선 따라 뒤로 걷기, 노래의 여러 동작에 따라 선 따라 걷기
- skipping, hopping, crawling, jumping하며 선을 따라 가기, two step, two step hop 등으로 선 따라 가기

79) 정숙의 훈련 A

 활동에 필요한 교구

종, 물이 들어 있는 컵, 종이

 **활동의 목적**

- 직접목적: 침묵게임을 통해 마음을 조절하여 신체 움직임을 통제할 수 있다.
- 간접목적: 침묵 중에 주위를 청각만으로 관찰하는 능력을 함양한다(집중력, 독립심, 정신성, 자기통제 능력, 의식적인 근육 움직임 조절 능력 증진).

 대상 연령

3~4.5세

 제시 방법

[외부 소리 듣기]

① 친구를 초청하여 선의 주변에 앉게 한다.

② 침묵에 대해 이야기해 준다.

'침묵은 아무 소리도 내지 않는 것' '침묵은 아무도 방해하지 않는 것' '침묵은 내 몸을 바위처럼 움직이지 않는 것'이라고 말한다.

③ 눈을 감고 조용히 침묵한다(마음 속으로 10까지 센다).

교사가 눈을 뜨라고 할 때까지 밖에서 나는 소리를 듣는다.

④ 눈을 뜨고 어떤 소리를 들었는지 이야기 나눈다(다음에는 좀 더 길게 침묵을

만들 수 있도록 한다).

[교실 안에서의 소리 듣기]

종소리, 종이 찢는 소리, 물 따르는 소리

[자신의 몸 속에서 나는 소리 듣기]

몸 안에서 나는 소리

유아의 흥미점

- 모든 움직임을 중지시키는 즐거움, 눈을 감고 침묵하고 있을 때 들리는 소리에 집중하는 것

실수를 통한 유아의 자기 행동 정정

- 극히 작은 움직임도 조용함을 깨뜨림, 말하는 소리

활동의 변형과 응용

- 눈을 감고 소리가 나는 것 알아맞히기
- 소리나지 않게 물건 놓기(쟁반＋물체)
- 종소리 나지 않게 전달하기

80) 정숙의 훈련 B

활동에 필요한 교구

흑판, 분필

활동의 목적

- 직접목적: 고요함 속에 자신의 의지로 신체의 움직임을 조절할 수 있다.
- 간접목적: 조용한 중에 주의 깊게 주변의 소리를 민감하게 듣는 태도를 기른다
  (집중력, 독립심, 자기통제 능력, 의식적인 근육 움직임 조절 능력 증진).

대상 연령

3~4.5세

제시 방법

◇ 아이들이 자기의 운동을 조정할 수 있고 또 조용함을 즐길 수 있는 경우에 참된 정숙의 연습을 할 수 있다.

① 전체 유아들이 선에 앉아 있을 때 '조용히'라고 흑판에 쓰거나 친절한 어조로 "조용히"라고 말한다.

② 나직하고 작은 목소리로 유아의 이름을 부른다.

호명된 유아는 조용히 일어나 작업을 한다.

[주의]

모든 아이의 이름이 불려지도록 한다.

무질서의 상태에 있을 경우에는 사용하지 않도록 한다.

매일 한 번 이런 종류의 연습을 하도록 한다.

 유아의 흥미점

- 모든 움직임을 중지시키는 즐거움, 조용한 분위기를 느끼는 것

실수를 통한 유아의 자기 행동 정정

- 아이들이 떠들어서 시끄러워 소리를 잘 듣지 못했을 때
- 다른 생각을 하고 있어서 소리를 잘 듣지 못했을 때

저자 소개

김현경(Kim HyunKyoung)
덕성여자대학교 대학원(유아교육전공, 교육학박사)
현 경인여자대학교 유아교육과 교수
　　한국유아교육보육복지학회 부회장

최병기(Choi ByungGi)
총신대학교 교육대학원(유아교육전공, 교육학석사)
전 숙명여자대학교 한국몬테소리교육사과정 강사
현 신촌몬테소리유치원 원장
　　(사)한국몬테소리교육총연합회 이사

서미정(Suh MeeJung)
총신대학교 교육대학원(유아교육전공, 교육학석사)
전 강남유치원 원장
현 하늘빛 몬테소리 연구소 원장

유아의 사회 적응과 인격 성장을 돕는 지침서

몬테소리 일상생활영역의 이론과 실제
Montessori Theory and Practice in Daily Life

2024년 9월 10일 1판 1쇄 인쇄
2024년 9월 20일 1판 1쇄 발행

지은이 • 김현경 · 최병기 · 서미정
펴낸이 • 김진환
펴낸곳 • (주) **학지사**
　　　　 04031 서울특별시 마포구 양화로 15길 20 마인드월드빌딩 4층
대 표 전 화 • 02)330-5114　　팩스 • 02)324-2345
등 록 번 호 • 제313-2006-000265호

홈 페 이 지 • http://www.hakjisa.co.kr
인스타그램 • https://www.instagram.com/hakjisabook

ISBN 978-89-997-3215-7　93370

정가 22,000원

출판미디어기업 **학지사**

간호보건의학출판 **학지사메디컬** www.hakjisamd.co.kr
심리검사연구소 **인싸이트** www.inpsyt.co.kr
학술논문서비스 **뉴논문** www.newnonmun.com
교육연수원 **카운피아** www.counpia.com
대학교재전자책플랫폼 **캠퍼스북** www.campusbook.co.kr